Pierre Chaine
Mémoires d'un rat
suivi des Commentaires de Ferdinand, ancien rat de tranchées

Présentation, notes, questions et après-texte établis par
STÉPHANE MALTÈRE
professeur de lettres

Sommaire

Présentation
Pierre Chaine.. 5
L'animal dans la guerre 6

Mémoires d'un rat
Extraits choisis 9

Commentaires de Ferdinand
Extraits choisis 79

Après-texte

Pour comprendre

Étape 1 **« Un humble rat de tranchée »**..................... 152
        questions Lire – Écrire – Chercher – Oral
        à savoir Textes introductifs et incipits

Étape 2 **Le temps de la formation** 154
        questions Lire – Écrire – Chercher
        à savoir Le récit d'apprentissage

Étape 3 **« J'étais soldat ! »** 156
        questions Lire – Écrire – Chercher – Oral
        à savoir Modalisation et vocabulaire évaluatif

Étape 4 **« Moi aussi j'étais à Verdun ! »** 158
        questions Lire – Écrire – Chercher – Oral
        à savoir Les figures de style

Étape 5	« **Victime de ma gourmandise** »	160
	QUESTIONS Lire – Écrire – Chercher – Oral	
	À SAVOIR Les propositions dans la phrase complexe	

Étape 6	« **Retour au front** »	162
	QUESTIONS Lire – Écrire – Chercher	
	À SAVOIR Les reprises anaphoriques	

Étape 7	« **Les délices de Capoue** »	164
	QUESTIONS Lire – Écrire – Chercher – Oral	
	À SAVOIR L'expression des relations logiques et les connecteurs	

Étape 8	« **C'était donc ça !** »	166
	QUESTIONS Lire – Écrire – Chercher	
	À SAVOIR Dire la guerre de 14	

GROUPEMENT DE TEXTES
La guerre des animaux 168

INFORMATION/DOCUMENTATION
Bibliographie, filmographie, vidéos, visiter 181

Présentation

PIERRE CHAINE

Pierre Chaine est né en 1882. Après avoir publié quelques poésies, il se lance dans le théâtre, au début du xxe siècle, au côté d'André de Lorde, le « prince de la terreur », qui écrit des pièces horrifiques pour le théâtre du Grand-Guignol. Avec lui, il écrit *Au Rat mort, cabinet 6* (1908), *Bagnes d'Enfants* (1910), et deux pièces adaptées du romancier belge Clément Vautel, *Mon curé chez les riches* (1925) et *Mon curé chez les pauvres* (1930). La carrière théâtrale de Pierre Chaine se poursuit jusqu'à sa mort, survenue en 1963. On lui doit une version moderne du *Ruy Blas* de Victor Hugo intitulée *Ruy Blas 38* (1938). Mais Pierre Chaine est surtout connu aujourd'hui comme l'auteur des aventures du rat Ferdinand, à travers deux courts récits écrits pendant la Première Guerre mondiale.

Il est mobilisé au tout début du conflit et intégré au 158e régiment d'infanterie, qui combat en Champagne et en Artois.

Les *Mémoires d'un rat*, écrits en 1915, font leur première apparition en 1916, sous la forme d'un feuilleton, dans un journal très populaire au front : *L'Œuvre*, qui publie la même année *le Feu*, d'Henri Barbusse. Le quotidien, de gauche, est pacifiste et n'hésite pas à montrer les réalités de la guerre. Sa devise est éloquente : « Les imbéciles ne lisent pas *L'Œuvre* ».

Devant le succès du premier volume, sorti aux éditions de L'Œuvre en 1917, et illustré de dessins d'Hautot, Pierre Chaine rédige une suite aux aventures du rat Ferdinand, sous le titre des *Commentaires de Ferdinand, ancien rat de tranchées* (1918). En 1921, les deux ouvrages sont finalement réunis en un volume préfacé par Anatole France.

Présentation

L'ANIMAL DANS LA GUERRE

Quand la Première Guerre mondiale s'achève, les hommes comptent leurs morts – près de 9 millions ! –, mais oublient de dénombrer parmi leurs pertes les millions d'animaux sacrifiés. Chevaux, ânes, mules sont en effet les principales victimes de leur ancestrale domestication : ils servent alors au transport des munitions, du ravitaillement, ou tirent les ambulances dans des conditions dangereuses et difficiles.

D'autres animaux partagent le sort des hommes engagés dans la grande boucherie, comme les pigeons voyageurs ou les chiens, qu'ils soient estafettes, sanitaires, de sentinelle, ratiers ou de recherche.

La littérature a toujours eu recours aux animaux personnifiés – qu'on pense au *Roman de Renart* ou aux *Fables* de La Fontaine. À l'heure funeste où l'homme devient une bête, il n'y a donc rien d'étonnant à ce que l'animal s'humanise pour dire les horreurs des combats.

En choisissant un rat pour narrateur, Pierre Chaine file la métaphore : le soldat, dans sa tranchée, ne vit-il pas le même genre d'existence que son ennemi rongeur ? En donnant un uniforme – et la pensée – à Ferdinand, il en fait un commentateur de la guerre des humains, à la manière des Persans dans le roman épistolaire de Montesquieu. Et, comme eux, il se montre étonné des mœurs humaines, ironique et critique.

Pierre Chaine
Mémoires d'un rat

À Tristan Bernard

Mémoires d'un rat

PREMIÈRE PARTIE

Chapitre Premier

Je ne suis pas un rat d'opéra ; n'attendez pas de moi des récits polissons[1] ni des contes égrillards[2]. Je ne suis pas non plus un rat de cave dont les lumières pourraient être utiles aux amateurs de pinard[3]. Enfin ce serait m'offenser que de me confondre avec un vil rat d'hôtel.
Né dans les camps, j'ai connu, dès l'âge le plus tendre, le tumulte des champs de bataille ; mes parents m'ont nourri d'espoirs glorieux et de détritus[4] militaires. Vous avez déjà deviné que l'auteur de ces lignes est un de ces innombrables rats de tranchées qui, de la mer aux Vosges, ont juré de tenir, eux aussi, « jusqu'au bout ! »

Cet aveu ingénu[5] de mon origine me fera du tort, je le sais, dans l'esprit du lecteur ; une sournoise conspiration nous traque et nous pourchasse comme de simples embusqués ; aussi, avant d'aller plus loin, me paraît-il nécessaire de présenter notre défense.

L'histoire impartiale[6] dira un jour quel fut notre rôle. Combien de soldats se seraient laissé surprendre par l'ennemi, si notre activité nocturne n'avait stimulé leur vigilance ! Grâce à nous, le poilu[7] ne dort jamais que d'un œil.

Malgré nos services, les ingrats se plaignent de notre importunité[8] ! Ils ne devraient pas oublier, au moins, le commode prétexte que nous

---

1. Grivois, obscènes, osés.
2. Provocants, croustillants.
3. Vin (argot).
4. Ordures, déchets.
5. Innocent, d'une sincérité naïve.
6. Objective, neutre.
7. Surnom donné au soldat français de la Première Guerre mondiale.
8. Fait de gêner, de déranger.

leur fournissons pour obtenir le renouvellement des vivres de réserve et des effets de toutes sortes : *des rats les ont mangés !*

Mais le haut commandement, lui, connaît mieux nos mérites. Il sait que nous avons ouvert la voie à ses pionniers dont les chefs n'ont eu qu'à imiter nos travaux pour porter à sa perfection ce qu'on appelle improprement « la guerre de taupes ». Aussi s'applique-t-il à nous ménager. Je me plais à constater que jusqu'à présent rien de sérieux ni d'efficace n'a été tenté contre nous. Les chiens ratiers[1] ? Oui, je sais : pure satisfaction accordée à l'opinion publique. Pour ma part je n'en ai jamais rencontré qu'un seul et je vous raconterai un jour cette aventure[*]. Mais je prétends que ces bêtes féroces ont fauché moins de victimes dans nos rangs que les obus.

Qu'ajouter à ce panégyrique[2] ?

Joffre[3], lui-même, ne nous a-t-il pas rendu un éclatant hommage en s'assimilant à l'un de nous quand il a proclamé : « Je les grignote » ?

On dit que les Romains entretenaient au Capitole[4] des oies sacrées en souvenir de celles qui avaient, une nuit, en donnant l'éveil, sauvé la Ville. Quelles légions de rats la République ne devra-t-elle pas consacrer après la guerre, soit au Panthéon[5], soit aux Invalides[6] !

*

---

1. Qui chassent les rats.
2. Éloge, glorification.
[*] Encore n'est-il pas très sûr, comme on le verra, que ce chien, qui répondait, je m'en souviens, au nom de Follette, fût un véritable ratier. (Toutes les notes de bas de page signalées par un astérisque sont celles de l'édition originale.)
3. Général français de la Première Guerre mondiale (1852-1931). La phrase « Je les grignote » a été prononcée en octobre 1914 au sujet des ennemis allemands dont aucune stratégie militaire française ne venait à bout.
4. L'une des sept collines de Rome.
5. Monument se situant à Paris et servant de tombeau aux grands hommes de l'Histoire de France.
6. Monument parisien servant de nécropole aux grandes figures militaires françaises.

Mémoires d'un rat

La prose des journaux a donné aux lecteurs l'habitude d'un tel diapason[1] que le ton de mes mémoires va leur paraître bien terne. Le plat que je leur sers est fade en vérité comparé aux ragoûts épicés que cuisinent les grands quotidiens. On ne retrouvera pas sous ma plume l'héroïsme souriant et bavard des « récits du front », ni les blessés qui refusent de se faire évacuer, ni les mutilés impatients de retourner au feu, ni les morts qui veulent rester debout. Un humble rat de tranchée ne peut offrir qu'une littérature plus terre à terre.

Du moins ne relèvera-t-on pas dans mon texte ces grossières erreurs qui font la joie des combattants. […]

*

D'autres ne se complaisent[2] que dans l'étalage ou plus exactement dans l'étal d'une répugnante boucherie. Ce ne sont que ventres ouverts, tripes au soleil, cervelles jaillissantes, cadavres grouillants et autres horreurs.

J'avoue, quant à moi, avoir toujours détourné la tête en traversant les charniers[3] de la guerre moderne. Si j'avais pu ne pas respirer, je me serais de même épargné les pestilences[4] de l'atmosphère.

À quoi bon ces descriptions malsaines puisqu'elles n'ont pas le pouvoir de supprimer les guerres ? Ces tableaux sont douloureux s'ils évoquent en nous des visions vécues. Ils sont inutiles s'ils s'adressent à l'imagination des curieux : rien ne pourra jamais donner la sensation

---

1. Accord.
2. Raffolent.
3. Fosses où l'on entasse des cadavres.
4. Mauvaises odeurs, puanteurs.

d'un champ de bataille à celui qui n'en a pas vu. Avant cette guerre, il existait déjà sur ce sujet des descriptions réalistes et ceux qui les avaient lues ont été surpris par la réalité.

Mais ce qu'on peut reprocher de plus grave à ces terribles évocations c'est qu'elles sont psychologiquement fausses. Nos impressions ne sont pas proportionnées à l'horreur des images que nous percevons. L'intensité des émotions provoquées en nous par les mêmes objets varie tellement selon notre état d'esprit ! Un brancard[1] anonyme recouvert de toile, si on le rencontre quand on monte en ligne dans un mauvais coin, frappe davantage l'imagination que les débris humains sur lesquels on piétine à la relève alors que chacun trouve dans sa propre existence un motif suffisant d'optimisme.

Au combat, j'ai constaté même une sorte d'insensibilité, soit que l'excès dans l'horreur dépasse notre capacité de sentir, soit que le péril[2] personnel paralyse le dévergondage[3] de la pensée.

On peut donc affirmer hardiment que toute description de bataille, où l'auteur s'attache à pousser le côté macabre et répugnant du décor, ne répond pas à la vision qu'en a eue le soldat.

J'espère ne pas tomber dans cette faute quand j'aurai l'occasion de le faire.

---

1. Civière.
2. Danger, risque.
3. Débordement, relâchement.

Chapitre II

Je m'étonne que les promoteurs[1] de la propagande[2] pour la repopulation n'aient pas encore songé à donner en exemple aux Français le pullulement[3] de notre race prolifique[4]. Chez nous, il n'y a jamais de fils unique.

Nous étions douze frères et sœurs de la même portée. Je ne saurais dire au juste si j'étais l'aîné ou le cadet. Mais je puis désigner exactement l'endroit où je vis le jour : c'était dans le plafond en rondins de l'abri d'un capitaine au lieu-dit : Malgréjean.

Notre nid était installé au deuxième étage et nous n'avions plus qu'un rang de rondins au-dessus de notre tête. Mais nous étions séparés de la dernière rangée par une forte tôle ondulée qui nous préservait de la pluie et de l'humidité. On descendait à l'étage inférieur par des cheminements que nos parents avaient su fort bien aménager.

Les boyaux débouchaient sur une grande esplanade en carton bitumé[5] qui fut le premier théâtre de nos courses sonores et de nos poursuites amoureuses. Parfois notre hôte, le capitaine, pour nous imposer silence, frappait furieusement avec sa canne contre le plafond ; nous arrêtions alors notre sabbat[6], par déférence[7], mais bientôt après, emportés par notre fougue, nous recommencions nos jeux pétulants[8] et enfantins.

Je me souviendrai toujours de ma première sortie. C'était, bien entendu, à la tombée de la nuit, car sortir le jour serait s'exposer inutile-

---

1. Créateurs.
2. Publicité.
3. Prolifération, multiplication.
4. Féconde, qui se reproduit abondamment.
5. Recouvert de goudron.
6. Chahut, tapage.
7. Respect.
8. Turbulents.

ment. Conduit par un de nos anciens, je dus suivre de longs couloirs qui aboutissaient au-dessus de la tranchée. Tout ce travail était entièrement construit en sape[1], avec une sortie en puits ; aucune superstructure[2] qui pût nous faire repérer. Pas de boyaux découverts non plus : l'usage en a toujours été proscrit[3] par nos pionniers, et c'était notre étonnement de voir les poilus ne pas nous imiter en cela.

Depuis, j'ai vu d'autres secteurs où j'ai pu constater qu'on s'était enfin mis à notre école. À X... en particulier, les hommes vivent dans des abris-cavernes reliés à l'extérieur par des tunnels et depuis quelque temps, paraît-il, des circulaires recommandent nos sorties en puits.

Le vieux rat qui me servait de guide n'était pas le premier venu. C'était un rat justement réputé pour sa grande expérience et pour sa longue queue. Il avait connu la guerre en rase campagne et frémissait encore en parlant de l'époque barbare où les belligérants[4] parcouraient la terre en brûlant les granges et les meules de blé. C'est ainsi que lui-même avait été chassé par les flammes d'un grenier riche et plantureux[5]. Aussi ne voulait-il plus entendre parler de la guerre de mouvement. L'idée seule de quitter notre tranchée si commode l'exaspérait.

Tel était le sage patriarche[6] que je me félicite chaque jour d'avoir trouvé pour premier maître. Grâce à lui, je sus que la zone de sécurité correspondait pour nous à la zone dangereuse qui s'étendait entre les deux tranchées adverses. C'est lui qui m'apprit à distinguer des inoffensifs avions les terribles émouchets[7] ou les buses[8] redoutables qui planent

---

1. Galerie.
2. Construction au-dessus du niveau du sol.
3. Interdit.
4. Adversaires, ennemis.
5. Plein, opulent, débordant.
6. Vieillard qui fait figure de chef et de sage.
7. Rapaces proches de l'épervier.
8. Rapaces proches du faucon.

Mémoires d'un rat

au-dessus de nous en quête d'une proie et dont les ailes étendues imitent à s'y méprendre, la silhouette d'un aéro[1].

– Mon enfant, me dit-il, lorsque nous débouchâmes en terrain libre, notre vie depuis l'admirable invention des tranchées est devenue facile, insoucieuse et orgiaque[2]. Mais il nous faut beaucoup de prudence et quelque ruse pour échapper aux pièges de toutes sortes qu'on nous tend. Ne vous laissez jamais tenter par la nourriture même succulente que vous rencontrerez çà et là en dehors des dépôts officiels de détritus dont je vous indiquerai le lieu. Là, seulement, vous trouverez la sécurité dans le plaisir. Partout ailleurs vous risquez de vous laisser abuser par des aspects trompeurs et de trouver la captivité ou la mort dissimulées sous les victuailles[3].

Tout en parlant, il me conduisit par des chemins défilés aux vues[4] jusqu'à un trou à ordures où les cuisiniers avaient jeté des montagnes d'épluchures au milieu d'une mer d'eaux grasses.

Ce fut une belle ripaille[5].

Mon inexpérience faillit pourtant me coûter la vie. Comme une fusée éclairante jaillissait avec fracas d'un poste voisin, j'eus tellement peur que je faillis choir[6] en me sauvant dans le trou noir et nauséabond[7] d'une feuillée*[8]. Si je n'avais pu heureusement me retenir sur les bords, à la force de mes griffes, j'aurais infailliblement péri au fond de cette puante oubliette.

---

1. Aéroplane, avion.
2. Pleine de débauche et de plaisirs.
3. Provisions de nourriture.
4. Dérobés, cachés des regards.
5. Festin.
6. Tomber.
7. Puant.
8. Toilettes provisoires d'un campement militaire.
* On voit par là combien sont sages les instructions qui prescrivent de toujours clore ces lieux avec un bouchon.

J'en fus quitte pour une légère souillure[1] dont je rends responsable la malpropreté ou la maladresse du dernier occupant. À mon retour, chacun s'écartait de moi à cause de l'odeur qui s'exhalait[2] de mon poil. Pour me nettoyer entièrement, il ne fallut pas moins de trois *bains javellisés* pris dans le réservoir d'eau potable de la compagnie.

---

1. Salissure.
2. Se dégageait, sortait, émanait.

Mémoires d'un rat

Chapitre III

Notre vie s'écoulait réglée et patriarcale[1] ; la nuit se passait en vadrouilles ; le jour, nous dormions ; ou bien, réunis en cercle autour des corps de cheminées qui traversaient la couverture des abris, nous chauffions béatement[2] notre ventre tout en écoutant la conversation des soldats. Leur voix nous arrivait d'en bas, portée jusqu'à nos oreilles comme par un tuyau acoustique.

Ce contact perpétuel et invisible avec le poilu m'a permis de le bien connaître : il parlait devant moi sans contrainte. Aussi ai-je pu pénétrer sa psychologie avec plus d'exactitude qu'aucun de ceux qui l'ont décrit.

Le poilu se divise en officiers, sous-officiers, caporaux et soldats. Dans les cagnas[3] d'officiers, on parlait femmes ; chez les sous-officiers, annuités[4] et avancement[5] ; les caporaux et soldats, eux, dissertaient pinard. Le pinard, le galon et l'amour semblent donc être les trois stades du bonheur militaire. Mais l'amour était rare, le pinard cher et le galon[6] parcimonieusement[7] distribué. Aussi, les officiers en étaient-ils réduits à feuilleter la *Vie Parisienne* ou la *Guerre Joviale* ; les caporaux et soldats mettaient de l'eau dans leur vin, tandis que les sous-officiers amenuisaient tellement leur sardine[8] qu'elle pouvait de loin donner le change.

Une autre observation que je veux consigner ici, c'est que l'heure du repas permet de reconnaître le grade des convives[9]. Les hommes

---

1. Sous la protection du patriarche.
2. Avec un grand bonheur.
3. Abris, baraquements.
4. Salaires.
5. Promotion dans la carrière.
6. Ruban symbolisant un grade militaire.
7. Avec économie, rarement.
8. Galon (argot).
9. Personnes invitées à partager un repas.

mangent la soupe à dix heures, les sous-officiers à dix heures et demie, les officiers entre onze heures et onze heures et demie. Un colonel à midi et les généraux, au moins une demi-heure plus tard.

*

Nous avions la bonne fortune que notre chauffage central provînt des cuisines. C'est dire si nous étions bien placés pour surprendre tous les renseignements. Ce dispositif nous donna des résultats tellement inattendus que notre foyer fut transformé en un véritable poste d'écoute où nous prenions le service à tour de rôle. On peut facilement deviner de quel intérêt était pour nous la certitude d'être ainsi avertis à l'avance par nos voisins eux-mêmes des sentiments qu'ils nourrissaient à notre égard ou des mouvements qui devaient s'opérer dans le secteur.

Grâce à ces précautions, nous étions toujours prévenus à temps quand on craignait un bombardement et que l'ordre était donné d'abriter les hommes. Nous ne laissions en haut qu'un guetteur et tous les autres se réfugiaient dans nos retraites[1] les plus profondes.

Quand il y avait eu relève[2] nous ne pouvions pas l'ignorer longtemps parce que les nouveaux arrivants criaient bien haut que leurs prédécesseurs « n'en avaient pas fichu une datte », expression qui signifiait que l'avancement des travaux laissait à désirer. Huit jours après d'ailleurs, les suivants ne manquaient jamais de constater que « les autres n'en avaient pas f…u une secousse »[3], expression d'un sens analogue[4].

---

1. Abris, tanières.
2. Remplacement des troupes.
3. Foutu (familier), fait grand-chose.
4. Semblable.

Mémoires d'un rat

Ce n'était pas par simple curiosité que nous nous tenions au courant des relèves. Les garnisons qui se succédaient étaient loin de posséder toutes le même moral ni les mêmes mœurs. Certaines unités pacifiques et débonnaires se laissaient manger le lard dans la main tandis que d'autres faisaient preuve au contraire d'un redoutable esprit offensif.

*

Un jour que nous étions groupés autour du tuyau de la cheminée, des mots terribles nous parvinrent qui nous firent dresser les oreilles. Un cuisinier qui avait lu « la décision » annonçait que désormais il serait alloué une prime d'un sou (cinq centimes) pour chaque rat détruit. Il suffirait pour se faire payer de présenter les queues au sergent-major.

Ainsi notre queue était mise à prix ! comme la tête d'un malfaiteur ! D'abord nous voulûmes douter que ce tuyau de cuisine fut exact. Mais bientôt la nouvelle était publiée officiellement au rapport. Même l'édit fut cloué sur une planchette et placardé[1] dans la tranchée.

Ce fut le signal de la persécution.

Alors les limeurs de bagues, les sertisseurs[2] de boutons boches[3], les ciseleurs d'initiales, les marteleurs de cuivre et les fondeurs d'aluminium, tous les bricoleurs des bijoux de tranchée tournèrent leur ingéniosité vers cette chasse lucrative[4].

Les uns avec des fils de fer destinés aux réseaux tressaient des nasses[5] d'une structure si perfide qu'on peut leur appliquer le vers du grand

---
1. Affiché.
2. Experts dans l'art de monter en bague ou en collier.
3. Allemand (argot).
4. Qui rapporte de l'argent.
5. Filets.

poète allié : *Voi chi entrate lasciate ogni speranza*[1] ! Le malheureux qui s'y fourvoyait n'en pouvait plus jamais trouver la sortie.

D'autres inventèrent des trébuchets[2] à ressort qui se déclenchaient au moindre heurt et vous aplatissaient la tête comme une galette.

Quelques-uns poussèrent même le génie du mal jusqu'à construire avec des pétards de cheddite[3] une sorte de machine infernale qui vous mettait en bouillie.

Les moins subtils se contentaient de tendre des collets à l'orifice de nos trous ou sur les points de passage obligés.

Mais les plus dangereux, sans conteste, c'étaient quelques braconniers dont l'adresse et la patience eussent trouvé un meilleur emploi contre les Boches d'en face : ils nous guettaient dans l'ombre avec leur fusil, chargé pour la circonstance d'une cartouche truquée. Les petits pois, le riz ou les fayots de l'ordinaire constituaient autant de projectiles foudroyants. Le gouvernement, pour hâter le massacre, fit distribuer des appareils de visée lumineux dont le guidon phosphorescent facilitait la mise en joue dans les ténèbres[*].

Bref, chaque motte cachait un piège, chaque bout de fromage, une embûche[4]. Ce fut un temps de calamité[5] et d'effroi. Personne n'osait plus sortir. On n'entendait plus derrière les parois de planche le joyeux battement de pied qui est notre chant du coq. À quoi bon reproduire ? Le choix nous restait de mourir de faim ou de périr sous les coups de nos

---

1. Abandonnez tout espoir, vous qui entrez ici. Citation tirée de « L'Enfer » de La *Divine comédie* de Dante (XIVe siècle).
2. Pièges.
3. Matière explosive.
* L'auteur veut sans doute parler des appareils del Borgho destinés aux tirs de nuit. Cette invention n'était pas dirigée exclusivement contre les rats.
4. Piège.
5. Grand malheur.

persécuteurs. Il y eut des cas de folie. Plusieurs ne pouvant supporter cette obsession profitèrent pour s'étrangler volontairement de la facilité que leur offrait le premier lacet rencontré. Nous entendions au jour les cris de triomphe qui saluaient la découverte du suicidé.

Je ne sais ce qu'il serait advenu de nous si par bonheur le déchaînement des instincts et des cupidités n'avait trouvé un frein dans la lenteur et la paperasserie de l'administration.

Chaque jour le sergent-major devait dresser un état des tués en triple exemplaire. Cet état devait être numératif pour les victimes et nominatif à l'égard des bourreaux. Les états journaliers étaient collationnés[1] à la fin de la semaine et joints à un bordereau récapitulatif. Mais avant de payer, la question préalable se posa de savoir d'où proviendrait l'argent de la prime. Des capitaines scrupuleux firent observer que l'ordinaire était destiné à l'entretien des hommes et le boni[2] à l'amélioration de l'ordinaire, que la viande de rat n'était pas prévue dans l'alimentation du soldat et que par conséquent la prime ne pouvait pas régulièrement être prélevée sur les fonds de la compagnie.

Un commandant casuiste[3] proposa une solution qui était de ne pas payer la prime individuellement mais de tenir registre des sommes allouées et de les transformer en distributions de vin supplémentaires. Les intéressés protestèrent et le colonel condamna cette solution comme contraire à l'esprit et à la lettre des circulaires. On en référa à la brigade qui en référa à la division. Mais un impatient se plaignit à son député. Une question écrite fut posée au ministre par la voie de l'*Officiel*. L'honorable député demandait « quelles mesures le Gouvernement

---

1. Examinés.
2. Excédent, reliquat.
3. Pointilleux.

avait l'intention d'arrêter pour assurer à nos braves la prime de cinq centimes prévue par la circulaire sur la dératisation numéro 30.002.625 ».

Le ministre répondit par la même voie que cette délicate question avait déjà sollicité vivement son attention et que des instructions allaient être données aux services compétents pour que nos héroïques défenseurs obtinssent rapidement satisfaction.

Pendant ce temps, les états continuaient de s'empiler. Les sergents-majors se lassaient de ce surcroît[1] de besogne et les chasseurs se décourageaient de poursuivre un gain problématique. Puis la mode des briquets commença qui fit bientôt fureur. Chacun abandonna la dératisation pour se consacrer au démontage des fusées éclairantes et à leur transformation en boutefeu[2].

La paix régna de nouveau dans nos terriers. Les bureaux avaient eu raison des bourreaux. Notre vie recommença d'autant plus belle que nous l'avions sentie plus menacée. Mais que de vides dans nos rangs !

Hélas ! j'avais perdu mon bon maître ; il était rentré un matin, expirant avec douze gros haricots[3] dans l'arrière-train. Un véritable gigot bretonne[4] !

---

1. Supplément.
2. Briquet à mèche.
3. Balles de shrapnells ou billes de plomb (argot).
4. Gigot d'agneau cuit avec des haricots blancs secs, de l'ail et des oignons.

Chapitre IV

Nous sommes bien tous les mêmes. Passé le danger, on se moque du saint. Par réaction après la crise que nous venions de traverser, il se produisit une détente morale qui nous fit omettre les plus élémentaires précautions. Nous goûtions sans arrière-pensée la joie de vivre et la douceur de la liberté. Mon maître n'était plus là pour modérer ma vivacité et mon étourderie par les sages conseils de son expérience.

Livré à moi-même, je m'abandonnais à toute la fougue de mes instincts.

Mon aspect à cette époque disait assez mon courage. J'avais les oreilles déchirées, des touffes de poil arrachées sur tout le corps et l'extrémité de la queue tronquée d'un coup de dent.

Hélas ! ce n'était ni pour la liberté des peuples, ni pour le Droit, ni pour la Justice que je combattais, mais pour l'amour de Ratine ! Les yeux roses de cette ensorceleuse m'avaient séduit. Malheureusement je n'étais pas le seul à apprécier les charmes de ma maîtresse et j'étais obligé de maintenir ma possession par la violence. Dès qu'un rival trop hardi voulait s'approcher, je lui sautais dessus à grands coups de dents et il n'était pas rare qu'il restât sur le carreau, tant la passion avait altéré la douceur de mes mœurs !

Cependant ma conduite peut être envisagée d'un point de vue plus élevé. Mes adversaires avaient été les agresseurs. Même quand je leur sautais à la gorge le premier, ce n'était de ma part qu'une attaque préventive. En réalité, c'est eux qui avaient voulu la guerre et moi, en défendant mon bien contre les entreprises de ces mâles sans scrupule, c'était par la même occasion le Droit et la Justice que je défendais. Ainsi le Droit et la Justice s'accordaient par une heureuse rencontre avec mon désir et avec mes intérêts.

Quand à Ratine, le fait qu'elle était l'enjeu du combat suffisait à ses yeux pour justifier les combattants des deux côtés.

Je suis persuadé qu'elle m'eût plus facilement pardonné une victoire injuste qu'une bataille perdue. Par bonheur la volonté de lui plaire, aidée par mon système préventif, m'avait toujours donné la force d'être vainqueur.

Une nuit que la lune était de safran[1] sur l'horizon et de miel dans notre cœur, notre amoureux vagabondage nous entraîna plus loin que de coutume. Au détour d'un boyau nous nous arrêtâmes brusquement, les narines palpitantes ; le vent nous apportait une suave[2] odeur de saucisse fraîche.

D'un commun accord, nous courûmes du côté d'où venaient ces alléchantes émanations, mais un obstacle nous arrêta : c'était un treillage métallique aux alvéoles trop étroites pour laisser passage à nos corps ; aiguillonnés par la gourmandise, nous contournâmes l'obstacle dans lequel je finis par découvrir une ouverture à environ une demi-queue du sol.

Alors me revinrent en mémoire les recommandations de mon vieux maître : « Ne pas succomber aux tentations qu'on rencontre sur le chemin mais se contenter d'assouvir son appétit au dépotoir officiel. »

– Prenons garde, dis-je à ma compagne ; ce mets succulent[3] n'est peut-être qu'une amorce perfide. Fuyons pendant qu'il en est temps encore. Assez d'autres débris nous attendent dans le trou derrière les cuisines.

En vain tentai-je par tous les moyens de détourner Ratine de son dessein[4]. Elle portait en elle le gage précieux de nos amours et, sans

---

1. Jaune orangé.
2. Agréable, douce.
3. Aliment délicieux.
4. Projet, intention.

Mémoires d'un rat

doute, sa gourmandise naturelle s'exaspérait-elle d'une envie due à son état physiologique : aucun autre morceau ne lui paraissait plus friand[1] que cette charcuterie suspecte.

Afin de satisfaire son caprice et craignant de paraître à ses yeux trop prudent, je franchis d'un seul élan l'étroit couloir qui me séparait de la proie convoitée, je sautai dessus et, l'ayant saisie entre mes dents, je voulus la lui rapporter. Mais je constatai alors que la seule ouverture de la cage (car c'en était une) se trouvait maintenant à une grande queue au-dessus de ma tête et qu'on ne pouvait disposer d'aucune prise pour en approcher. Je m'élançai et je m'agrippai aux barreaux ; peine inutile. J'y gagnai seulement de me mettre en sang contre les tiges acérées qui garnissaient le minuscule orifice et qui m'entraient, à chaque tentative, cruellement dans la peau.

J'étais pris !

Je m'aperçois à l'instant de l'inconvénient que comporte une autobiographie sous forme de Mémoires. Si un lecteur de feuilleton rencontrait dans son journal une situation aussi désespérée que l'était alors la mienne, il tremblerait pour ma vie. Son bon cœur et sa curiosité redouteraient de voir bientôt finir le roman avec son héros. Mais quand l'auteur se met lui-même en scène, le lecteur ne peut guère prendre au tragique les plus terribles péripéties[2]. Il sait bien que le principal personnage s'en tirera toujours, puisqu'il a écrit ses Mémoires et que son décès est la seule aventure qu'il n'a pas pu rapporter. Il me faut donc renoncer à inquiéter le public sur les dangers que j'ai courus et me contenter de gagner son estime par la constance que j'y ai montrée.

Quand je me sentis perdu, je me résignai à l'inévitable. Ratine, qui assistait en larmes à mes vains efforts, s'accusait bien haut d'avoir été

---

1. Appétissant.
2. Aventures, épisodes.

la cause de ma perte ; et moi, je poussai la délicatesse jusqu'à l'en dis-
suader. Même pour épargner à notre amour une épreuve dangereuse, je pris les devants et je lui défendis de venir me rejoindre. Un sot eût attendu qu'elle en parlât. Ne valait-il pas mieux au contraire me hâter d'interdire à ma compagne ce témoignage de dévouement et d'affection qu'elle n'eût peut-être pas songé à m'offrir ?

Ainsi tout se passa convenablement. Je lui fis, à travers les barreaux de ma prison, de tendres adieux et je lui recommandai notre progéniture. Puis, comme le jour approchait, je la renvoyai par prudence.

Resté seul avec la saucisse, je ne crus pas devoir me priver de la satisfaction d'un dernier repas, d'autant moins que je pensais qu'elle était empoisonnée et qu'elle terminerait mes jours après avoir apaisé ma faim.

Mais je la trouvai succulente et inoffensive. Aussi, rendu optimiste par la digestion, je me couchai dans un coin et j'attendis…

Mémoires d'un rat

Chapitre V

Ce fut la corvée de jus[1] qui me découvrit. L'homme qui marchait en tête poussa un cri de surprise :
— Eh ! Bernard ! regarde s'il est pépère[2] celui-là !
Et du bout de son brodequin il envoya rouler ma cage loin devant lui.
— C'est la nasse à Juvenet répondit Bernard.
Et ils passèrent sans me faire de mal ; car ils portaient tous deux un récipient à chaque main et ils craignaient de laisser refroidir leur café.

Juvenet prévenu, vint presque aussitôt jouir de sa capture :
— C'est un maous[3] ! dit-il en m'évaluant d'un regard admiratif ; et il enleva ma cage au bout d'un crochet pour aller m'exhiber à toute l'escouade[4].

Ma prison fut placée sur la banquette de tir et je fus exposé sur ce pilori[5] aux outrages[6] des soldats. Les uns me piquaient avec la pointe de leur baïonnette, poussant des rires de triomphe quand ils m'avaient arraché des cris de douleur et de rage. D'autres tiraient ma queue qui, bien qu'écourtée par les batailles, sortait quand même entre les barreaux. Il se trouva naturellement un mauvais drôle pour m'inonder de son urine car la vessie chez les hommes est une inépuisable source de plaisanteries. Heureusement qu'une discussion s'éleva entre eux sur le sort qui me serait réservé, ce qui occasionna une trêve dans l'exercice de leur cruauté.

---

1. Soldat chargé du ravitaillement en café.
2. Tranquille, peinard (familier).
3. Gros, énorme.
4. Partie d'une compagnie de fantassins.
5. Lieu de supplice exposé au public.
6. Humiliations, attaques.

Chacun donnait son avis sur la façon dont il convenait de me traiter.

Le caporal prétendait me griller vivant dans l'abri de son escouade. C'était, assurait-il, un moyen infaillible d'en éloigner à jamais tous les autres rats. Et il ajouta, pour entraîner les adhésions : « Je tiens la recette de mon beau-frère qui est artilleur, et ça lui a parfaitement réussi. » Mais il ne sut pas décider si c'était les cris du supplicié qui épouvanteraient mes congénères[1] ou l'odeur de la grillade qui les incommoderait.

Juvenet et la majorité objectaient que cette odeur les empoisonnerait eux-mêmes et rendrait la cagna inhabitable.

Un qui n'avait pas encore parlé proposa alors un traitement encore plus barbare dont il avait lu la description dans le *Bulletin des Armées de la République* : il ne s'agissait de rien moins que de me coudre le derrière hermétiquement et de me rendre ensuite la liberté. Ce lecteur assidu du *Bulletin des Armées* prophétisait, avec quelque apparence de raison, que, grâce à cette couture, je deviendrais enragé au bout de peu de jours, ce qui provoquerait de telles batailles entre nous que notre espèce se détruirait elle-même dans toute l'étendue du secteur.

Mais personne ne voulait se charger de pratiquer l'opération car aucun d'eux n'aurait eu le courage d'en venir au corps à corps. Ils inclinaient à me noyer lâchement dans un puisard[2] quand un incident se produisit qui décida de ma destinée : ce fut l'arrivée du colonel.

La créature peut si malaisément distinguer une chance heureuse d'une mauvaise rencontre qu'à la vue de cet officier supérieur je me sentis défaillir d'effroi. Je crus qu'on lui avait rendu compte de ma capture et qu'il venait présider à mon exécution.

---

1. Semblables.
2. Sorte de puits, égout.

Mémoires d'un rat

Cependant le colonel ne fit d'abord aucune attention à moi. Il interrogeait chaque homme individuellement, se faisait présenter les *masques*[1], en examinait l'état et même poussait le scrupule jusqu'à les faire ajuster devant lui. Je connaissais bien cet ustensile pour m'en être maintes fois régalé à l'époque où le tampon gras n'était pas encore protégé contre notre voracité par une boîte métallique, mais la manœuvre m'en était inconnue et telle est ma curiosité que, même dans ma situation critique, cette démonstration m'intéressa.

J'entendais le colonel prévenir les hommes des effets foudroyants des gaz et de l'extension que les Allemands donnaient à ce nouveau moyen de ne pas combattre.

Puis selon la tradition, il offrit quelques cigarettes ; ses yeux tombèrent alors sur moi :

– Ah ! ah ! demanda-t-il, c'est la chasse de cette nuit ?

Ce fut Juvenet qui me présenta. Le colonel m'agaçait[2] paternellement du bout de sa canne ; mes mines et mes gambades[3] semblaient l'amuser beaucoup.

– On va le noyer, expliqua Juvenet en me désignant.

– Du tout ! du tout ! protesta cet homme de bon sens, vous avez un bien meilleur parti à en tirer. Gardez-le ! il vous servira d'avertisseur en cas d'attaque par les gaz.

Puis, se tournant vers le capitaine qui l'accompagnait :

– Il serait bon d'en avoir toujours quelques-uns en cage dans les différentes tranchées, surtout dans les abris de mitrailleuses où peut s'accumuler l'oxyde de carbone...

---

1. Masques à gaz.
2. Me tourmentait, me taquinait.
3. Sautillements.

Et il passa.

J'étais sauvé ! On me conservait la vie ou du moins on me réservait pour une mort utile.

Juvenet, qui voulait me noyer quelques minutes auparavant, me considérait déjà comme son protégé. Il disait : *mon rat* et résolut séance tenante de me baptiser. Je reçus le nom de Ferdinand sans qu'on pût invoquer pour cela d'autre raison que la fantaisie de Juvenet.

Puis on me donna de l'eau, du camembert et de la paille. Toute la journée ce fut un défilé devant ma cage. Chacun voulait voir Ferdinand. Je pensais que la nuit m'apporterait quelque repos. Mais un autre supplice m'attendait.

Un peu après le coucher du soleil, des formes grises émergèrent de tous les trous environnants et l'innombrable race des rongeurs commença de trotter sans bruit dans les ténèbres naissantes. Les émotions de la journée m'avaient fait oublier que le monde, qui avait tant diminué pour moi, était demeuré le même pour les autres. Cette constatation dissipa le contentement que je ressentais de garder la vie sauve. Du moins, je me consolais par la perspective que je recevrais chaque nuit la visite de mes anciens compagnons de plaisir et, dans le but de guider leurs recherches, je lançai des appels de détresse.

À la fin, quelques-uns répondirent et s'approchèrent de moi. Contrairement à ce que j'attendais, le récit de mon malheur ne me rendit pas intéressant. Le sentiment général était le mépris qu'inspirait mon incapacité et aussi le malaise que provoque le contact des malheureux quand nous reconnaissons dans leur misère un échantillon des maux[1] qui nous menacent le plus directement. Car, malgré leur assurance, chacun d'eux, au fond de soi, craignait mon sort. Je me vengeai de leur

---

1. Malheurs, douleurs.

indifférence en leur exagérant la rafle qu'avait ordonnée le colonel. Aussi ne voulurent-ils pas supporter plus longtemps le spectacle de ma captivité et ils m'abandonnèrent avec de bonnes paroles. Ils étaient encore à portée de mon oreille que l'un disait : « Quelle vie ! il aurait mieux valu pour lui qu'on le tuât ! » Sur quoi, un autre imbécile renchérit : « À sa place, je m'étranglerais avec ma queue ! »

Parmi tous mes anciens camarades, un seul montra quelque raterie[1] à mon égard : c'était un bon vivant avec qui j'avais fait plus d'une partie fine autrefois. Il me marqua vraiment du chagrin de notre séparation et trouva quelques paroles qui semblaient venir du cœur. Même il me proposa d'organiser une corvée qui remorquerait ma cage où je voudrais. Mais avant de me quitter il me tapa de la moitié de mon camembert, ce qui gâta la bonne opinion que je prenais de lui.

Une disgrâce à quoi je ne m'attendais pas acheva de me crucifier : ce fut la vision de Ratine folâtrant[2] avec mes rivaux de la veille ; et par vision je n'entends pas le mirage d'imagination enfanté par la jalousie mais une perception de mes yeux qui ne permettait pas le doute.

Je ne pus retenir un cri d'indignation. Honteuse d'avoir été surprise, elle s'enfuit avec sa clique, sans regarder derrière.

J'avoue que, dans le transport de mon égarement, je lui souhaitai de subir un jour dans sa plus grande extension le traitement que préconise contre les rats le *Bulletin des Armées de la République*.

Ainsi abandonné de ma maîtresse, de mes amis et de toute ma race, je goûtai l'âpre volupté[3] de les mépriser, mêlée à l'épouvante de ma solitude, et je me tournai, le cœur libre, vers mes nouveaux compagnons, les soldats.

---

1. Camaraderie des rats.
2. Batifolant, s'amusant.
3. Désagréable satisfaction.

DEUXIÈME PARTIE

Chapitre Premier

Les paroles que le colonel avait prononcées à mon sujet pendant la courte entrevue que j'ai rapportée plus haut provoquèrent en moi une étrange répercussion : du jour où il eut ainsi disposé de ma vie, un lien mystérieux m'unit au régiment. Je sentis qu'en effet je ne m'appartenais plus ; j'étais un rouage minuscule mais nécessaire dans le prodigieux engrenage de l'armée.

La grandeur et le sublime du rôle qu'on m'avait imposé donnaient à ma personne une valeur nouvelle ; oui, la mission de sacrifice que j'avais à remplir, en cas d'attaque, me rehaussait prodigieusement à mes propres yeux car je m'en savais autant de gré[1] que si je l'avais choisie moi-même volontairement.

J'espérais bien au fond qu'il n'y aurait jamais dans notre secteur d'attaque par les gaz, ce qui me dispenserait d'accomplir ma mission et de consommer mon sacrifice. Mais l'obligation d'être un héros constitue en soi un honneur, même si l'occasion ne doit jamais se présenter d'être héroïque ; et le geste n'en demeurait pas moins beau pour être indéfiniment retardé.

Un indispensable secours moral me manquait encore pour soutenir mon ardeur et mon zèle[2] : je ne portais aucun signe sensible de mon nouvel état. Juvenet y pourvut ingénieusement ; il était perruquier dans le civil et connaissait le secret des teintures. Quelques jours à peine après ma conscription[3] (car il me répugne à présent d'employer

---

1. J'en étais autant satisfait.
2. Enthousiasme.
3. Recrutement.

le terme de capture), il m'aspergea avec je ne sais quelle drogue, à la grande hilarité de la tranchée ; après quoi il me présenta par dérision un miroir qui provenait du démontage d'un périscope. Je pus alors constater dans la glace que ma robe gris-brun était devenue bleu horizon. Je dois d'ailleurs avouer que ma nouvelle livrée était beaucoup plus voyante que mon pelage naturel, bien qu'elle eût la prétention de me rendre invisible.

Pour compléter l'uniforme, Juvenet inscrivit au minium[1] sur mon dos le numéro du régiment et me posa trois brisques[2] de la même couleur à la naissance de l'épaule gauche. Je me laissai faire sans bouger et cette attitude fut mise sur le compte de mon abrutissement alors qu'elle était un effet de ma bonne volonté.

Cette fois je portais les stigmates[3] visibles de la grandeur et de la servitude militaires. J'étais immatriculé[4] ! j'étais soldat ! il me sembla que je devenais un autre rat. Je n'éprouvai plus qu'une pitié arrogante pour les vulgaires rongeurs dont la vie ou la mort importait peu au salut de la patrie. Insensiblement je m'identifiai avec l'armée en général et en particulier avec le régiment dont je portais le glorieux numéro. Mais j'étais surtout honoré d'appartenir à la douzième escouade de la onzième compagnie. C'est ainsi que naquit en moi l'esprit de corps[5].

Je ne puis passer sous silence le changement d'habitation dont je bénéficiai, grâce à l'industrie de mon maître. Pendant trois jours, Juvenet employa ses loisirs à me confectionner un logement plus décent et plus confortable que ma primitive souricière. Mon nouveau logis

---

1. Antirouille.
2. Galons que porte un soldat sur sa manche.
3. Témoignages, traces.
4. Inscrit sur un registre avec un numéro.
5. Esprit d'équipe.

était en forme de rotonde. Il avait trois queues de diamètre. Tous les matériaux employés dans la construction et l'ameublement avaient été ramassés dans la tranchée : le treillage métallique pour les parois et la
50 coupole, une vieille tôle découpée pour le fond, un culot de 75 en guise d'abreuvoir et un vieux godillot[1] (paternelle attention de Juvenet) pour l'entretien de mes dents.

Relativement à mon volume, j'avais plus d'espace pour me tourner que Juvenet dans son trou, et le spectacle de l'entassement général me
55 donnait par comparaison l'illusion que j'étais à mon aise.

Mais le principal avantage de mon nouveau domicile, c'était, aux yeux de Juvenet, la commodité de son transport : une poignée ménagée au sommet permettait une prise aisée et un coltinage[2] sans fatigue. Aussi m'emmenait-il partout avec lui, soit qu'il fût guetteur de jour dans un
60 observatoire, soit qu'il prît son tour de garde, la nuit, dans les petits postes avancés. Il représentait cette manie comme une précaution salutaire, justifiée par la crainte, qu'il avouait, d'être surpris par les gaz. Mais en réalité, c'était pour jouir de ma présence qui lui était vite devenue un passe-temps et une compagnie ; il avait découvert en moi un être
65 au-dessous de lui, soldat de 2e classe, et il m'était reconnaissant de la dépendance et de l'infériorité où je me trouvais à son égard.

*

Juvenet à son créneau était un guetteur débonnaire[3]. Il existait des consignes formelles : *harceler nuit et jour l'ennemi ; tirer sur tous les points*

---

1. Chaussure.
2. Transport.
3. Décontracté.

de stationnement qu'on a pu repérer : créneau d'observation, entrée d'abri, chantier de travailleurs, feuillées, etc.

Ces prescriptions avaient pour but de maintenir dans la troupe l'esprit offensif, si difficile à conserver quand des armées se trouvent en contact depuis plus de deux ans.

En dépit de toutes les circulaires, Juvenet derrière son créneau évoquait moins un chasseur à l'affût qu'un marin en vigie[1], comparaison d'autant plus exacte qu'il se servait davantage de sa lorgnette que de son fusil.

Chacun sait combien le tracé des deux lignes adverses peut réserver de surprises à l'usage. Les différences d'altitude, les bois, les sinuosités[2] du terrain, les rentrants[3] et les saillants[4] compliquent à ce point la perspective qu'on s'imagine souvent n'être pas vu de l'ennemi dans des endroits parfaitement exposés aux yeux d'un observateur latéral.

Quand il arrivait à Juvenet de découvrir dans un coin de boyau ou dans un repli de terrain un ennemi qui, se croyant en sécurité, vaquait à ses occupations, faisait sa toilette, ou cherchait ses poux, son premier sentiment n'était pas la haine, mais la curiosité.

Il n'était pas fâché *d'en voir un* en chair et en os, car depuis qu'il montait la garde devant cette ligne mystérieuse, l'existence de ses occupants ne lui avait guère été révélée que par la constatation chaque matin de la terre remuée pendant la nuit.

En découvrant dans ce chaos désertique d'entonnoirs et de sacs à terre un être humain, il éprouvait la même émotion qu'un astronome qui verrait des habitants dans la lune. L'observation désintéressée de ce

---

1. Poste d'observation d'un marin.
2. Ondulations, anfractuosités.
3. Creux.
4. Tout ce qui dépasse.

phénomène peu commun le passionnait au point qu'il en oubliait toute préoccupation militaire. C'était la même joie indiscrète qu'il éprouvait autrefois à surprendre dans une jumelle de théâtre l'intimité de sa voisine d'en face.

Mais dans sa curiosité je crains d'avoir surpris un commencement d'intérêt. Cette silhouette minuscule, c'était un soldat comme lui qui accomplissait le même service sous un uniforme différent. Tous deux couraient les mêmes dangers, souffraient des mêmes intempéries, travaillaient aux mêmes corvées. Bien que ces gestes pareils fussent consacrés à des causes adverses, ils constituaient en fait une communauté de vie et de préoccupations qui suffisait à créer un point de contact, d'où naissait, malgré l'hostilité ambiante, une obscure sympathie.

J'en eus la preuve un jour que Juvenet était occupé à suivre dans sa jumelle les mouvements d'un Boche.

Un sergent passa qui lui demanda :

– Qu'est-ce que vous voyez d'intéressant ?

– J'en vois un, répondit Juvenet, qui est en train de poser tranquillement culotte.

– Eh bien, qu'est-ce que tu attends pour le démolir ? reprit l'autre, car c'est le privilège des poilus d'être tutoyés au gré des circonstances et de la fantaisie des chefs.

– Vous croyez, sergent, qu'il faut tirer ? hésita Juvenet. Ça n'est pas un bien beau moment pour se faire tuer.

Et il ajouta, découragé : « Si on ne peut même plus poser culotte ! »

Mais le sergent insista :

– Crois-tu qu'il te raterait à l'occasion ?

Cet argument sembla convaincre Juvenet et il mit en joue en grommelant : « Je vas toujours le laisser se reculotter. »

Le coup partit et mon maître assura que la balle n'avait pas dû passer loin car le Boche avait « trissé[1] » et s'était « cavalé en vitesse[2] ». Mais Juvenet est un excellent tireur, sûr de son arme comme de lui-même et
25 je l'ai toujours soupçonné d'avoir manqué le but exprès.

Cette manifestation de l'esprit offensif lui paraissait peu glorieuse. Il lui semblait que pour avoir le droit de tuer il fallait soi-même courir un risque équivalent.

En vain lui répétait-on que l'agression allemande nous avait mis une
30 fois pour toutes en état de légitime défense, il ne pouvait s'empêcher d'appliquer à chaque cas en particulier les règles de l'honnêteté et de l'honneur.

Certes quand les obus allemands tombaient sur sa tranchée, il était le premier à crier : « Ah ! les vaches ! Ah ! les salauds ! » et, quand les
35 nôtres répondaient sur celles d'en face, il jubilait : « Allez-y, c'est bien leur tour ! Qu'est-ce qu'ils doivent prendre, les frères ! » Mais quand l'ennemi lui apparaissait sous l'aspect inoffensif d'un travailleur ou d'un cuisinier, il était incapable des grands raisonnements qui font qu'on les tire comme des lapins.

40 Juvenet avait une âme tendre d'artilleur. Il était né pour le tir indirect où le pointeur ne voit pas le but et peut ignorer les conséquences de sa trajectoire.

Pourtant Juvenet lisait les journaux ; mais les récits des crimes allemands ne le révoltaient pas autant que des journalistes auraient pu se
145 l'imaginer. Son esprit simpliste admettait difficilement qu'il y eût une morale de la guerre parce que la guerre lui apparaissait comme la néga-

---

1. S'était enfui (argot).
2. Avait décampé rapidement (argot).

tion de la morale. Une déclaration de guerre équivalait pour lui à la suspension des lois divines et humaines : c'était le déchaînement brutal de la force.

La distinction des cruautés nécessaires et des barbaries inutiles lui paraissait subtile et précaire[1]. Tuer des civils n'était guère plus grave à ses yeux que d'attendre pour les mettre en pièces qu'ils eussent revêtu un uniforme ; et peu lui importait d'être asphyxié par les gaz contrairement aux conventions de La Haye ou mis en bouillie par un 210 conformément aux lois de la guerre.

Mais il avait la coquetterie de ne pas accepter pour lui-même ce renversement de toutes les barrières morales ; et la seule chose qu'il admettait qu'on pût exiger de lui c'était de se faire tuer. J'ai cru comprendre à la longue que ce manque de logique constituait ce que les Allemands appellent « la chevalerie française ».

---

1. Temporaire.

Mémoires d'un rat

Chapitre II

Le jour de la relève, la question se posa de savoir si j'étais matériel de secteur. Le caporal voulait absolument me passer en consigne[1], prétendant que j'étais compris dans les appareils de protection contre les gaz au même titre que les vermorels[2] et que l'hyposulfite[3].

Juvenet faisait valoir que la dotation en rats n'était pas réglementaire et qu'il me considérait comme sa propriété personnelle. Le caporal dut s'incliner et Juvenet m'emporta à travers les boyaux.

Dès le lendemain j'éprouvai la disgrâce de me voir négligé par mon maître qui se souciait beaucoup moins de moi au cantonnement que dans la tranchée. Il m'abandonnait des journées entières pour aller boire au café des « Six Fesses ». C'était un débit où la mère, la fille et la cousine prodiguaient des sourires et vendaient du pinard. J'ai changé plusieurs fois de cantonnement et partout j'ai retrouvé les « Six Fesses ». Il y en avait même quelquefois davantage, mais toujours on était sûr d'y trouver Juvenet, au moins dans les premiers temps qui suivaient le prêt[4].

Ce n'est pas qu'il eût le désir ni l'espoir d'en séduire une paire. Il savait trop bien que les débitantes[5] mercantiles[6] sont réduites à choisir leurs amants de cœur exclusivement dans le camionnage où dans le ravitaillement, seul moyen pour elles d'assurer avec les fournisseurs des communications aussi peu coûteuses que régulières. Mais il avait

---

1. Placer dans un entrepôt.
2. Pulvérisateurs de marque Vermorel.
3. Composé du soufre cont on se sert comme antidote aux gaz de combat.
4. Rétribution, salaire du soldat.
5. Commerçantes.
6. Cupides, désireuses de faire des bénéfices.

plaisir à voir des femmes parce que c'était par définition des « civils » ; des civils dont l'anatomie seule écartait toute idée militaire. Des jupes, cela symbolisait pour lui le foyer, la civilisation, la joie de vivre, la paix.

Cette vie de bamboche[1] continua tant que l'argent de Juvenet ne fut pas entièrement dépensé ; ce qui d'ailleurs ne pouvait guère tarder au prix où les « Six Fesses » vendaient leur piquette[2]. Certes, il ne m'appartenait pas de lui jeter la pierre, moi dont le cœur avait connu d'autres désordres ; cependant je lui gardais rancune de ces absences prolongées parce qu'elles avaient sur ma tranquillité de désagréables répercussions.

Pour se débarrasser de moi, il me confiait au premier venu qui se trouvait parfois le dernier des derniers. Un certain Hugon, souteneur[3] notoire[4], qui, pour un verre de vin, ne refusait jamais de se charger de moi, se plaisait à me persécuter : il était jaloux de la notoriété que s'était acquise Juvenet dans tout le régiment, et même au-delà, par la possession d'un rat domestique.

Un jour que la boisson dont il avait abusé lui donnait la hardiesse d'encourir la colère de mon protecteur, il profita d'une absence de celui-ci, pour amener un chien qu'il appelait ratier, mais dont le poil suffisait à première vue pour le déclarer bâtard fils de bâtard.

Après l'avoir longtemps excité contre moi en criant : « Un rat ! un rat ! Kss ! Kss ! », il ouvrit la porte de mon logis et m'obligea d'en sortir à grands coups de pique-feu[5].

Je fis preuve de décision. Au lieu de fuir, je bondis sur le roquet et lui enfonçai mes crocs dans le gras des cuisses. Cette attaque brusquée

---

1. Fête.
2. Mauvais vin.
3. Proxénète, homme qui vit de la prostitution.
4. Connu.
5. Tisonnier.

qui me donnait l'avantage de la surprise et du choix du terrain, fut couronnée de succès : mon adversaire s'enfuit en hurlant, la queue entre les jambes, et j'en profitai pour disparaître dans un trou, car je savais combien sont dangereux parfois les retours offensifs et les contre-attaques.

*

J'étais libre !

Je cédai d'abord au vertige de l'indépendance et je m'abandonnai à l'ivresse de la liberté reconquise. Ou du moins je crus que j'allais goûter à cette ivresse et me griser de ce vertige. Mais l'événement fut pour moi une déception. Je n'éprouvai pas les sentiments que j'attendais ; je restais immobile, désorienté, ne trouvant aucun but où diriger ma fantaisie. En vain m'excitais-je à manifester ma joie, un malaise indéfinissable me paralysait. C'est que je n'étais plus le jeune étourdi qui menait la vie d'aventures sur la butte de Malgréjean. J'avais pris l'habitude des espaces restreints et le goût du renoncement à soi-même qui était la rançon de mon insoucieuse sécurité. Je constatai aussi que je tenais à Juvenet plus que je n'aurais pensé et que peu de jours avaient suffi pour créer un lien entre nous.

Toute la nuit, j'errai comme une âme en peine, exposé aux dangers dont j'avais perdu l'expérience. Au matin, pour apaiser ma fièvre, je voulus boire. Mais, en me penchant sur l'eau, j'aperçus dans la fontaine mon uniforme et j'eus honte de ma désertion.

*

Il faisait jour déjà, quand je pénétrai dans la grange où me ramenait une impulsion irrésistible. Ma cage, si je puis donner ce nom péjoratif à ma cagna, ma cage était renversée dans un coin comme un accessoire déjà périmé. Mais la porte en était restée ouverte et je pus me glisser dedans sans faire de bruit. Aussitôt, un grand apaisement descendit en moi.

Ni Hugon, ni Juvenet, n'étaient présents : Hugon avait couché à l'infirmerie et Juvenet à la prison.

Une réflexion qui me vint en les attendant, c'est que ma fuite présentait tous les caractères d'un abandon de poste, sinon en face, du moins à proximité de l'ennemi, et je redoutai les rigueurs militaires. Mais, je fus pleinement rassuré, quand mon maître à peine relâché s'approcha en jurant de la cage qu'il croyait vide.

– Mince ! s'écria-t-il, Ferdinand qui est revenu !

Ce fut un succès colossal ! Mon nom vola de bouche en bouche et je crus qu'on me porterait en triomphe.

Mon attitude à l'égard du roquet[1] me valut, de la part du caporal une citation à l'ordre de l'escouade, si bien qu'au lieu d'être roué de coups, je fus gavé de lard ; et j'appris par la même occasion, qu'il ne faut pas toujours juger sa conduite d'après sa conscience.

*

Quand à Juvenet, il avait été gratifié de huit jours de tôle « pour avoir, étant en léger état d'ébriété[2], assommé de coups un camarade, sous un prétexte futile[3] et facétieux[4] ». Mais c'était une prison toute

---

1. Chien hargneux.
2. Ivresse.
3. Insignifiant, sans importance.
4. Extravagant.

protocolaire[1] et platonique[2], car aucune aggravation de peine ne pouvait être apportée à la vie que menaient mes compagnons, attendu que leur service quotidien aurait été taxé de barbarie inhumaine s'il avait été la conséquence d'une condamnation.

On n'entendit plus parler de Hugon le souteneur. Le capitaine s'en débarrassa à la première occasion et il fut envoyé aux projecteurs dès qu'on demanda un spécialiste, bien qu'il n'eût de spécial que ses mœurs.

---

1. Pour la forme.
2. Inoffensive.

Chapitre III

Mon escapade eut pour conséquence de modifier la nature de mes relations avec mon maître. Je continue à l'appeler mon maître, bien que j'emploie ce terme, à présent, dans un tout autre sens qu'au début. Mais la langue française ne distingue pas de la brutale soumission d'un esclave
5 la douce sujétion[1] d'un disciple. Juvenet était devenu mon maître, selon la même acception[2] que le vieux rat auquel il avait succédé dans mon respect et dans mon amitié.

Depuis que j'étais revenu librement dans ma cagna, j'étais réputé apprivoisé et Juvenet ne prenait plus le soin d'en fermer la porte que le
10 soir, afin de me mettre à l'abri de toute agression nocturne. À l'appel de mon nom, je sortais de mon gourbi[3] et je venais manger dans sa main les friandises dont il se privait pour moi.

Ce soi-disant dressage n'accrut pas médiocrement la réputation de Juvenet. On venait de loin pour nous voir et les satisfactions d'amour-
15 propre que ma docilité procurait à mon professeur ne pouvaient qu'augmenter son attachement pour moi.

*

C'est dans les moments de crise qu'on juge un homme : sur les champs de bataille les masques tombent et chacun montre son vrai visage. Cette épreuve ne manqua pas à notre amitié naissante.
20 Voici dans quelles circonstances :

---

1. Soumission.
2. Signification, sens.
3. Cabane, logis.

Mémoires d'un rat

C'était le soir même de la relève. À peine arrivé à la tranchée, Juvenet fut commandé de faction[1] dans un trou d'obus où son escouade fournissait une sentinelle avancée.

Bien que ce poste fût dit « d'écoute », Juvenet écarquillait les yeux plus qu'il ne tendait l'oreille, car, depuis la guerre, la finesse de son ouïe laissait beaucoup à désirer, phénomène qu'il attribuait autant à l'humidité des tranchées qu'à l'explosion des obus.

Je me souviens que ce soir-là, après avoir guetté quelque temps en silence, mon maître monologua tout haut comme il lui arrivait fréquemment quand nous étions seuls : il me prenait ainsi pour confident des pensées intimes qu'il taisait par pudeur devant tous les autres.

« Neuf heures », disait-il en consultant sa montre phosphorescente, orgueil de son poignet, « les petits vont se coucher…, ils font la prière… pour moi. »

Au bout d'un moment, il ajouta : « Peut-être bien qu'elle m'écrit ma lettre en ce moment… »

Et comme un mouvement que je fis avait attiré son attention : « Tiens, me promit-il, mon vieux Ferdinand, à ma prochaine permission, je t'emmènerai…, ça les amusera… »

Puis il ne dit plus rien parce qu'il pensait à sa permission.

*

Tout à coup, notre attention fut attirée par des vapeurs qui couraient au ras du sol, poussées vers nous par le vent. C'était comme une nappe de brouillard opaque et laiteuse, mais dont le clair de lune ne permettait

---

1. Garde, surveillance.

pas de distinguer la coloration. Déjà, les premières volutes[1] qui grimpaient la pente ne paraissaient plus qu'à une centaine de mètres de nous.

C'est alors que Juvenet montra qu'il joignait à la présence d'esprit la fidélité du cœur.

De la main droite il appliqua son masque, mais il n'oublia pas de me saisir de la main gauche et il m'emporta en criant : « Les gaz ! V'là les gaz ! » Presque aussitôt, une fusée-signal partit et le silence de la nuit fut brusquement déchiré par le tintamarre des avertisseurs : cloches, gongs, sirènes, klaxons beuglaient, tintaient, rugissaient à la fois. Les bûchers préparés s'allumèrent sur toute la ligne et Juvenet, pour me préserver, me posa si près de l'un d'eux que j'aurais infailliblement grillé s'il n'avait pris soin, sous prétexte de purifier l'air, de m'arroser continuellement avec la solution hyposulfatée[2] d'un vaporisateur Vermorel.

Cependant, l'artillerie prévenue déclenchait ses tirs de barrage autant pour disperser la nappe gazeuse que pour prévenir toute tentative de l'ennemi. Dans le même but, tous les fusils et toutes les mitrailleuses crépitaient à la fois.

À ce moment, le capitaine commandant le point d'appui souleva son masque pour vérifier l'âcreté de l'atmosphère et fut bien étonné de respirer l'air pur de la nuit. Il prolongea l'expérience et ne s'en trouva nullement incommodé, d'où il conclut que les vapeurs signalées n'étaient que le brouillard inoffensif qui se forme les soirs d'automne au creux des vallons.

Juvenet mandé près de lui comme auteur de l'alerte dut bien confesser qu'il n'avait pas entendu le sifflement caractéristique dont parlaient les consignes, mais il s'excusa en avouant qu'il avait mis cette lacune sur

---

1. Fumées.
2. Liquide à base de soufre dont on imbibait des compresses pour se protéger des gaz.

le compte de sa surdité. Le capitaine, dans sa fureur, ne lui ménagea pas les expressions les moins choisies ni les épithètes[1] les plus dures, mais il était trop tard pour enrayer[2] le mal.

Les Boches, surpris, ne savaient à quoi attribuer cette imprévue démonstration, car les Alliés n'avaient à enregistrer ce soir-là aucune victoire sensationnelle et aucun neutre n'avait déclaré la guerre aux puissances centrales. Mais, bientôt, pris de peur, ils commencèrent à riposter énergiquement. Pendant toute la nuit, ce fut une débauche de munitions qu'il n'était au pouvoir de personne d'arrêter. Le jour seul mit fin à l'excitation générale et rendit à chacun son sang-froid.

*

Le plus mal à l'aise n'était pas Juvenet, mais le capitaine commandant le point d'appui à qui la division demandait un rapport d'urgence par l'intermédiaire du brigadier, du colonel et du commandant.

Le malheureux se doutait bien de la disgrâce que lui vaudrait en haut lieu d'avoir laissé se propager aussi inconsidérément une fausse alerte. Aussi prit-il le parti héroïque de rendre compte que l'ennemi avait tenté effectivement une attaque par les gaz, mais que grâce à la vigilance du soldat Juvenet, elle avait été « jugulée dans l'œuf » et afin d'ajouter à la vraisemblance, il joignit au rapport une proposition de citation pour le courageux guetteur.

Cette affaire eut du moins un heureux résultat : le danger dont il s'était cru un moment menacé décida Juvenet à sacrifier sa barbe qu'il avait conservée pieusement en dépit des risques qu'elle lui faisait courir.

---

1. Injures.
2. Arrêter, neutraliser.

*

Le communiqué français relata qu'un coup de main, tenté à l'aide de gaz nocifs, avait échoué en Lorraine, tandis que le communiqué allemand disait : « En Lorraine, une attaque de nuit de grand style a avorté sous le feu efficace de notre artillerie et de nos mitrailleuses. L'ennemi a subi des pertes sévères et a dû refluer dans ses tranchées de départ. »

Les Saxons qui nous étaient opposés ce soir-là seront bien aises de trouver ici la véritable explication de cette échauffourée[1] à laquelle ils n'ont encore certainement rien compris.

---

1. Bagarre confuse et de courte durée.

Mémoires d'un rat

Chapitre IV

Juvenet n'obtint pas de citation, mais le colonel l'envoya tout de suite en permission bien que son tour ne dût régulièrement arriver qu'un mois plus tard.

C'est un beau spectacle qu'un train de permissionnaires, quand ce train roule du bon côté. Il tient plus de rêve, de désir et de joie dans ses humbles compartiments que dans les sleeping-cars[1] des trains de luxe. Tous les yeux brillent de la même fièvre ; tous les cœurs vibrent du même frisson. C'est mieux que du bonheur ; c'est l'attente du bonheur.

Juvenet, qui avait bu et chanté toute la nuit, dormait béatement[2] quand notre convoi pénétra dans la gare de l'Est. Son voisin dut le secouer. Il se frotta les yeux en murmurant : « Paname[3] ? »

– Oui, répondit l'autre, nous y sommes ; Paname, tout le monde descend !

Et nous suivîmes la cohue[4], l'un portant l'autre.

Nous venions de franchir la barrière qui contenait la foule des parents et amis quand une voix appela : « Victor ! » ce qui fit se retourner mon maître, d'où j'inférai[5] que ce prénom était le sien.

C'était Mme Juvenet qui avait reconnu son mari à sa démarche, bien qu'elle ne l'eût jamais vu sans barbe. Mais à l'aspect de sa femme, Victor ne put maîtriser un mouvement de stupeur : ma niche lui échappa des mains et je tombai rudement sur le sol.

---

1. Wagons-lits, voitures-couchettes.
2. Comme un bienheureux.
3. Paris (argot).
4. Foule.
5. Je déduisis.

Il est vrai que l'épouse de mon maître tranchait violemment sur les autres femmes de permissionnaires. Moi qui avais rencontré des soldats de toutes les couleurs, je crus d'abord que c'était une Hindoue, bien que sa peau me parût plutôt safran que cuivrée.

Mme Juvenet avait déjà deviné la cause du recul marital :

– Tu ne savais donc pas que je travaillais dans les munitions ?

– Si, mais pourquoi t'es-tu fait teindre en jaune ?

– C'est la mélinite[1], expliqua-t-elle.

Et elle prit l'initiative des premiers baisers, Juvenet ahuri, ne put que balbutier[2] : « Eh bien ! il ne manquait plus que ça ! »

Je crois qu'il voulait exprimer que cette disgrâce, ajoutée à toutes les tribulations de la guerre, faisait déborder la coupe de sa misère.

Mais sa femme interpréta comme s'il avait dit : « Il ne *te* manquait plus que ça. » Aussi pour n'être pas en reste de compliment, se hâta-t-elle de riposter : « Et toi, ce que tu es moche sans ta barbe ! »

« Ô Ratine, m'écriai-je, se peut-il que la couleur superficielle de notre peau exerce une pareille influence sur la fragilité de nos affections ! Eh quoi ! si je t'apparaissais avec mon poil bleu sale, peut-être n'éprouverais-tu pour moi que de la répulsion ! Et pourtant, ne serais-je pas le même rat ? le même qui éveilla ton amour, volage, il est vrai, mais cependant instinctif et sincère ! Ce qui persiste en nous au travers de tous les changements de la durée, n'est-il pas notre essence véritable ? Pourquoi ce principe qui constitue notre personne bien plus que la couleur des cheveux ou que l'éclat du regard reste-t-il impuissant à fixer l'amour ? Hélas ! nous sommes esclaves des apparences et, si le duvet de ton pelage cendré disparaissait, ô Ratine, je ne pourrais

---

1. Acide picrique utilisé dans la fabrication des explosifs, de couleur jaune et irritant.
2. Bafouiller, bégayer.

plus aimer en toi que le souvenir de nos baisers et que l'ombre de ma jeunesse ! »

Mes réflexions furent interrompues par une secousse désagréable. C'était Juvenet qui me ramassait pour me sortir de la foule. […]

Dans le métro, la présence de Ferdinand provoque la confusion parmi les voyageurs et le couple Juvenet doit descendre du train. Mme Juvenet réserve à l'animal un accueil froid, malgré l'enthousiasme de ses enfants.

*

Le lendemain, il y eut un grand repas pour célébrer l'arrivée du permissionnaire. On y vint de Sèvres, de Suresnes, de Boulogne et même d'Issy-les-Moulineaux. La salle à manger grouillait de parents, de voisins et d'amis. J'étais toujours relégué dans mon coin, mais, comme la porte de la cuisine restait constamment ouverte pour la commodité du service, rien ne m'échappait de ce qui se passait dans la maison.

Chacun des arrivants s'extasiait sur l'embonpoint et sur la bonne mine de Juvenet. « Quelle santé ! La guerre ne vous a pas fait maigrir ! – Ça te réussit, la tranchée ! » etc. Lui s'excusait de son mieux de ne pas se présenter les joues caves et les yeux cernés.

Un second sujet d'étonnement pour les invités, c'était qu'il n'eût encore ni galon, ni décoration, ni blessure. Plusieurs citèrent l'exemple de parents ou de voisins dont les fils, pour s'être distingués en maintes occasions, avaient franchi rapidement plusieurs échelons de la hiérarchie et étaient revenus couverts de médailles et de croix.

Juvenet, dédaignant de leur apprendre qu'il avait été proposé pour une citation, se borna à les prier de se mettre à table car « la bourgeoise » venait de servir.

À peine avait-on bu le « coup du curé[1] » qu'un gros homme, qu'on appelait le cousin, l'interpella familièrement :
— Eh bien ! vous ne pouvez donc pas les sortir de leur trou ? Quand allez-vous donner le grand coup de torchon[2] ?
— On vous attend, cousin, répondit tranquillement Juvenet, venez donc nous donner un coup d'épaule.
Il y eut un froid, car le cousin était un personnage. […]

*

À partir du cinquième jour, Juvenet commença à sentir la fuite des heures. Chaque matin il se réveillait de plus mauvaise humeur, et il se torturait l'esprit à combiner pour la journée un emploi du temps qui ne lui laissât aucun regret. Aux séances de cinéma succédaient les promenades avec ses enfants et les pèlerinages aux guinguettes où il avait passé autrefois de bons dimanches ; mais, chaque soir, il lui semblait de nouveau que la journée avait été gâchée. Alors, il errait, désœuvré et fiévreux, d'une pièce à l'autre, tandis que sa femme préparait le dîner.

La veille de son départ, il fut pris d'un accès de mélancolie qui se termina par une frénésie[3] de jouissance. Ce soir-là, il rentra complètement ivre, et dut se réfugier près de moi pour fuir l'indignation de Mme Juvenet. « Ah ! mon pauvre vieux, me disait-il, avec effusion, on va… s'en retourner… là-bas ; ça n'est pas… notre place… ici ! »

Le dernier jour fut tout d'attendrissement. Mme Juvenet voulait me garder en souvenir de son mari, mais il fit observer que ma compagnie

---

1. Premier verre bu à table (argot).
2. Bataille, combat (argot).
3. Folie, délire.

Mémoires d'un rat

lui manquerait dans les tranchées ; sur quoi cette mégère[1] apprivoisée me donna du sucre pour faire sa paix, bien que cette denrée devînt de plus en plus rare.

Je ne retracerai pas le retour à la gare qui fut poignant. Juvenet disait : « J'ai salopé[2] ma permission ; la prochaine fois, nous tâcherons de mieux l'employer. »

Sa femme pleurait, en l'assurant qu'elle abandonnerait la mélinite pour reconquérir d'ici là, la fraîcheur de son teint. Avant de se quitter, ils s'embrassèrent comme s'ils ne devaient plus se revoir.

Mais dans le wagon, Juvenet commença de supputer[3] que, grâce aux récentes circulaires, il reviendrait dans quatre mois et il se sentit plus léger parce qu'il avait maintenant sa permission devant lui.

---

1. Femme méchante.
2. Gâché (argot).
3. Calculer.

TROISIÈME PARTIE

Chapitre Premier

Un permissionnaire qui rentre est généralement très entouré ; l'attrait qu'il exerce ne lui vient pas seulement du litre de kirsch ou de mirabelle qu'il a rapporté ; la curiosité plus que l'intérêt rassemble autour de lui ses camarades et les friandises qu'il distribue lui valent moins de succès que les nouvelles qu'il débite.

Les civils ne montrent pas plus d'avidité pour les récits du front que les soldats de l'avant pour les indiscrétions de l'arrière. Le rôle du permissionnaire est d'assurer la liaison entre les uns et les autres.

Ni les lettres, ni les journaux ne peuvent remplacer ce rapport oral ; on suspecte ce qui est imprimé ; on doute de ce qui est écrit ; seule la parole du permissionnaire demeure inattaquable.

Juvenet, qui avait été harcelé de questions à Billancourt, dut encore, en arrivant, se soumettre à un nouvel interrogatoire.

– Les civils tiennent-ils toujours ? Qu'est-ce qu'on dit à Paris ? Parle-t-on de la paix ? Qu'est-ce qu'on prépare en ce moment ?

Malheureusement, Juvenet, qui n'avait pas oublié de rapporter du marc[1], avait négligé totalement de se munir de nouvelles.

Mais il se garda bien d'avouer qu'il ne savait rien d'extraordinaire. Qu'aurait-on pensé de lui ? qu'il ne possédait ni relations, ni influence !

Il savait que l'existence de la censure permet de construire, à côté de la vérité officielle, les hypothèses les plus audacieuses ; le silence de la presse à leur égard ne constitue pas un démenti mais une présomption[2]

---

1. Eau-de-vie.
2. Supposition.

Mémoires d'un rat

d'authenticité, car l'opinion prévalait aux tranchées que tout pouvait être vrai, à l'exception de ce qu'on laissait imprimer. Ce fut donc sans hésitation qu'il révéla qu'un attentat avait été commis contre le président du Conseil ; que deux cent mille Russes attendaient, massés en Champagne, le moment où les Anglais déboucheraient de Valenciennes ; que la paix serait signée dans trois mois selon les uns, dans trois ans selon les autres.

Mais comme ces nouvelles trop souvent annoncées ne semblaient pas passionner l'auditoire, Juvenet eut une inspiration : « Savez-vous, demanda-t-il, pourquoi on n'avance pas à Salonique[1] ? »

Sa réponse fut une trouvaille que j'hésite à transcrire ici. Le respect que l'on doit aux têtes couronnées ne permet pas qu'on leur suppose d'autres attributs que leur couronne, et l'idée seule qu'une reine pût traiter son royal époux en simple mari paraît à première vue subversive[2]. Toutefois, la nouvelle que le général Harem[3] était retenu par les artifices d'une Circé moins fidèle que pro-germaine parut si plaisante qu'on l'accepta d'enthousiasme, sans examiner combien grave pouvait être une pareille imputation[4], et pour le seul plaisir d'appeler par son nom la victime de ce genre d'intrigue.

Si Juvenet, qui connaissait si bien les secrets ressorts de notre politique en Orient, avait été mieux renseigné sur les affaires qui nous touchaient de plus près, il aurait pu annoncer des événements inattendus dont la menace était pourtant déjà sur notre tête.

---

1. Sur le front de Macédoine, où les combats durèrent de 1915 à 1918.
2. Immorale.
3. Jeu de mot avec le général Sarrail, commandant de l'expédition de Salonique, un « sérail » désignant un harem.
4. Accusation, attaque.

Chapitre II

J'avais toujours entendu vanter par Juvenet l'endurance physique et morale des corps de réserve au détriment de ceux de l'active[1]. Chacun d'ailleurs, autour de lui, s'accordait à déclarer que c'est dans les vieux pots qu'on fait la bonne soupe. À l'appui de cette affirmation, quelques histoires qu'on ne se lassait pas de raconter circulaient dans le régiment. Le sujet en était toujours, soit un épisode de bataille, où la réserve entrait en action tandis que l'active restait en réserve, soit une rencontre où nous avions rétabli une situation compromise par nos cadets.

Mais, vers la mi-juin, se produisit un revirement d'opinion. Une soudaine mode d'humilité[2] fit fureur : chacun semblait s'attacher à déprécier la valeur du régiment par l'aveu personnel de sa propre inexpérience et par la constatation de l'insuffisance physique d'autrui. Le manque d'entraînement, le mauvais état sanitaire, le défaut de préparation, la fatigue de l'âge étaient successivement invoqués pour arriver invariablement à cette conclusion que nous étions tout juste bons à tenir les tranchées dans un secteur tranquille ; si bien que j'avais pris, du corps auquel j'avais été fier d'appartenir, l'idée d'un régiment de malingres[3], de vieillards et de gardes nationaux !

En même temps, je remarquai une étrange modération dans les conditions de paix qu'il était convenu d'imposer au vaincu : c'était la rive gauche du Rhin qu'on abandonnait un jour ; le lendemain, il était question de rendre les colonies ; le surlendemain, toute prétention à une indemnité semblait inopportune. Je voyais approcher l'heure où les plus intransigeants naguère sacrifieraient l'Alsace et la Lorraine. Je ne savais

---
1. Armée d'active, qui s'oppose à l'armée de réserve.
2. Modestie.
3. Faibles, rachitiques.

Mémoires d'un rat

à quoi attribuer ces dispositions conciliantes, non plus que ce dénigrement systématique, quand je crus en découvrir la cause dans les rumeurs persistantes qui annonçaient une prochaine relève de la division.

Ce qui donnait à cette relève une signification d'une gravité exceptionnelle, c'est que nous étions alors dans les jours les plus critiques de la bataille de Verdun.

Je n'ai pas encore parlé de cette bataille qui durait déjà depuis près de cinq mois parce que jusqu'à cette époque elle n'avait provoqué dans notre secteur aucune répercussion fâcheuse. Son action s'était révélée au contraire bienfaisante sur notre front, car depuis le début de cette offensive nous goûtions dans nos tranchées la douceur d'une paix idyllique.

Nous étions dans les plus beaux jours du printemps, qui, d'ordinaire, sont profanés par les artilleurs ; car la transparence de l'azur et l'éclat du soleil les incitent généralement à tirer le canon aussi longtemps qu'ils y voient assez clair. Mais Verdun consommait à soi seul une telle quantité de munitions que les canons du secteur, si belle que fût la journée, se taisaient, des deux côtés, par économie. Aussi pouvions-nous impunément musarder[1] devant l'entrée des abris, déjeuner sur l'herbe dans les bois ou dormir en plein air sur les contre-pentes.

Et cette sécurité nous était d'autant plus douce qu'elle était soulignée par l'écho de la bataille. Il suffisait de tendre l'oreille pour percevoir le roulement ininterrompu d'une lointaine et formidable[2] canonnade.

Sur cette basse[3] profonde et continue, le chant des oiseaux, les notes claires des sources, le cuivre des coqs lointains, les arpèges du vent dans les arbres composaient une mélodie de joie, de lumière et de vie dont l'allégresse s'exaspérait par le contraste de l'accompagnement.

---
1. Flâner, traîner.
2. Terrible.
3. Son grave.

La nuit, au fond de nos cavernes, le sol nous transmettait plus distinctes les vibrations de la bataille et nous nous endormions bercés par ce ronronnement monotone, mais pas avant que l'un de nous eût exprimé le sentiment général par cette formule stéréotypée[1] : « On est bougrement mieux ici tout de même ! » Ainsi l'évocation du voyageur perdu dans la neige pimente la soirée au coin du feu.

Notre tranquillité n'était même pas troublée par la perspective qu'un jour les rôles pourraient être intervertis, car, s'il est un principe solidement établi chez les hommes, c'est qu'il faut être jeune et sain pour se faire tuer. Conformément à ce principe, l'usage est de faire massacrer de préférence les classes les plus récentes en commençant par la moins ancienne. Je n'examinerai pas s'il ne vaudrait pas mieux garder précieusement la jeunesse et sacrifier tous ceux qui ont passé le meilleur âge de la procréation. Je constate seulement le fait qu'en temps de guerre la maturité ou quelque tare physiologique sont des brevets de longue vie. Peut-être ce système d'organisation s'explique-t-il le plus naturellement du monde par la raison que ce ne sont pas les jeunes gens qui font les lois.

Quoi qu'il en soit, chacun autour de moi se considérait comme immunisé par le numéro même de sa classe, contre certaines surprises de la guerre. Il fallut la menace d'un départ mystérieux pour troubler notre quiétude et pour ébranler cette conviction.

Cependant, le jour de la relève arriva. Des zouaves[2] vinrent s'installer dans nos chers terriers et nous partîmes pour une destination que les états-majors affirmaient inconnue mais qui nous fut promptement révélée par les indiscrétions des civils.

---

1. De circonstance.
2. Soldats d'infanterie française d'Algérie.

Mémoires d'un rat

Chapitre III

Moi aussi j'étais à Verdun ! moi aussi j'ai fait de ma poitrine un rempart vivant à la citadelle fameuse et il ne m'a manqué que d'être tué pour devenir un héros.

Comme tous ceux qui ont participé à la défense de cette place, j'ai gardé de mon passage à Verdun une extrême fierté d'y être allé. Je dois avouer que ce sentiment ne m'est venu qu'après coup et que j'étais moins fier quand on m'y conduisait.

Les zouaves qui nous avaient relevés ne s'étaient pas refusé le plaisir de nous terroriser d'avance et les récits des journaux n'étaient pas pour nous rassurer. Afin de mieux célébrer l'héroïsme des défenseurs, les rédacteurs officieux n'épargnaient pas les nerfs des lecteurs ; les mots de *pilonnage, enfer, volcan, cataclysme* revenaient toujours sous leur plume. Aussi se fera-t-on une juste idée de notre état d'esprit pendant le transport, par celui qu'on pourrait imaginer chez les bœufs du parc d'armée s'ils savaient la destination de leur convoi.

Que le lecteur me pardonne si j'aborde un sujet qui n'est pas de bonne compagnie. Cependant, en ouvrant ce livre écrit par un rat combattant, il devait s'attendre qu'une fois ou l'autre il serait question de la mort.

La guerre n'est pour l'historien qu'un synchronisme[1] de mouvements et de dates ; pour les chefs elle représente un formidable labeur[2] et pour le profane[3] un intéressant spectacle. Mais pour le soldat qui combat dans le rang, la guerre n'est qu'un long tête-à-tête avec la mort.

---

1. Concordance, simultanéité.
2. Travail pénible.
3. Non-initié, ignorant.

Je sais bien que nous autres rats nous ne mourons pas ; il faut nous contenter de crever. Mais la grossièreté du terme n'enlève rien au prix que nous estimons nous-mêmes notre vie, et la mienne m'a toujours paru plus précieuse que celle de quiconque par la seule raison que c'est la mienne.

J'avais toujours pensé qu'un rat n'avait guère besoin de se préparer à la crevaison puisqu'il n'y a pas d'exemple qu'un d'entre eux ne s'en soit fort bien acquitté du premier coup.

Mais ce qui est vrai quand il s'agit d'une échéance inéluctable[1] peut ne l'être plus quand il est question d'affronter volontairement des dangers auxquels la prudence conseillerait de se soustraire. Je résolus donc d'envisager la mort en face, de préciser mes craintes, d'écarter les fantômes de mon imagination et de vérifier jusqu'à quel point mon appréhension se justifiait.

Ce qui nous fait paraître excessif le sacrifice que la patrie exige de notre vie, c'est que nous oublions que nous devons mourir un jour. L'État ne nous demande pas d'abandonner un bien que nous aurions pu indéfiniment conserver, il se contente d'abréger la durée pendant laquelle nous espérions en jouir. Nous sommes dans la situation d'un condamné à la peine capitale auquel on supprimerait son délai de grâce.

Cette première réflexion atténuait en moi le regret des jours que j'aurais pu vivre normalement. Il ne me restait plus qu'à me familiariser avec l'idée même de la mort. [...]

---

1. Inévitable.

Mémoires d'un rat

Chapitre IV

L'importance que je parais attacher à la vie d'un rat fera peut-être sourire les prétentieux bipèdes[1] qui ont pris sur nous l'avantage de s'attribuer une âme immortelle. Ils devraient considérer au contraire que notre vie est plus précieuse que la leur, puisqu'on nous refuse l'espoir d'une autre existence dans laquelle eux du moins peuvent se réfugier. Si bien que pour vous, les hommes, la mort n'est pas la mort totale, la fin irrémédiable mais un passage à une vie supérieure dont vous éloignent seulement la peur de l'inconnu et la fragilité de votre foi.

Et pourquoi ne posséderions-nous pas une âme ? […]

---

1. Qui marchent sur deux pieds les hommes.

Chapitre V

Autour de moi, mes compagnons, les animaux raisonnables, ne raisonnaient pas. Au lieu de se préparer à la mort, ils recherchaient les raisons d'espérer et les chances de vivre. Les plus convaincus de leur immortalité ne paraissaient pas pressés d'entrer en jouissance. Juvenet lui-même, à qui je savais de la religion, marquait une répugnance manifeste à passer de cette vie dans une autre meilleure.

Cette attitude, qui m'étonnait au premier abord, s'expliquait cependant si l'on considère que l'hypothèse de la survivance ne change pas grand-chose à la mort. La seule vie à laquelle nous tenions, c'est notre vie terrestre parce que nous sentons obscurément qu'une autre peut lui succéder, mais non pas la continuer. […]

Je commençai à trouver que mes compagnons avaient pris instinctivement le bon parti et, à leur exemple, je résolus de me laisser aller au pressentiment que j'en reviendrais. Des zouaves dignes de foi nous avaient prévenus que la moyenne des pertes à atteindre pour justifier une relève était fixée à environ 33 % de l'effectif de la division.

Chacun calculait qu'à ce taux il restait deux chances sur trois d'en réchapper. À cause de la petitesse de ma taille qui diminue pour moi la zone dangereuse, je crus pouvoir abaisser le facteur des risques en ma faveur et mettre ma vie à quatre contre un. Ce raisonnement mathématique me tranquillisa davantage que toutes les consolations philosophiques, comme si d'avoir échappé au danger prochain devait me tirer d'affaire pour toujours et que cette partie une fois gagnée, l'enjeu ne dût plus jamais être remis en question !

Mémoires d'un rat

Chapitre VI

Quand j'étais un jeune rat et que je rêvais bataille, le rôle que je m'attribuais était constamment celui du plus fort. Je m'imaginais toujours enfonçant mes crocs dans la gorge de l'ennemi et jamais il ne me serait venu à l'esprit qu'il pourrait arriver le contraire. Je peux donc dire, à la lettre, que j'avais beaucoup de mordant.

De pareilles dispositions sont éminemment[1] souhaitables en temps de guerre et ce qu'on appelle la préparation morale des troupes n'a pas d'autre but que de mettre le soldat dans l'état d'esprit où j'étais alors.

Pour cela, on s'efforce par tous les moyens de lui inculquer le sentiment de sa supériorité sur l'adversaire et de fortifier sa confiance dans l'efficacité et dans la puissance irrésistible de ses armes.

Ce n'est pas du stoïcisme qu'on lui demande. La résignation n'améliore pas le soldat. Il faut stimuler au contraire son énergie et le préparer à tuer bien plus qu'à mourir. Aussi s'ingénie-t-on à le distraire des préoccupations qui remplissent les précédents chapitres. Par des fanfares, des chœurs, des représentations théâtrales, on cherche à détourner son attention et à occuper son esprit, en même temps qu'on attise en lui la joie de vivre par des distributions supplémentaires.

Soit que le temps fît défaut ou que la tâche qui nous était réservée ne comportât pas la nécessité d'un élan très fougueux, cette préparation fut réduite par nous à quelques allocutions auxquelles mon rang ni ma situation ne me permirent pas d'assister.

*

---

1. Particulièrement.

Nous avions franchi depuis trois jours la limite du pinard, c'est-à-dire que, depuis trois jours, nous cantonnions dans des villages entièrement évacués, même par les mercantis[1], lorsque nous arriva l'ordre de monter en ligne.

Les hommes emportaient sur eux des vivres pour huit jours, trois litres d'eau, des grenades, des cartouches, des outils, des flammes de Bengale[2], des fusées, ce qui composait avec le sac, les couvertures, les masques, les armes et l'équipement un poids déjà considérable. Mon maître m'arrima[3] en outre moi-même dans une boîte suspendue à son ceinturon. Il n'avait pas hésité devant ce surcroît de charge, dans la pensée que j'étais son fétiche[4] et que je porterais bonheur à l'escouade. Je ne sais à quel titre je pourrais justifier la vertu qu'il m'attribuait, si ce n'est au titre temporaire et par le besoin que chacun éprouvait de matérialiser son espoir dans un objet quelconque.

*

Le champ de bataille de Verdun pouvait se diviser en trois zones, qui se succédaient de l'arrière à l'avant.

La première ne possédait pas du côté de l'arrière une frontière bien précise. Elle commençait où tombaient les derniers obus et s'étendait jusqu'à la zone des boyaux.

L'entrée dans la zone des boyaux n'était pas déterminée, comme on pourrait le croire par l'existence matérielle de ces derniers, mais par le moment où la prudence exigeait qu'on y descendît.

---

1. Commerçants malhonnêtes et profiteurs.
2. Fumigènes utilisés dans les feux d'artifice.
3. Me fixa.
4. Talisman, mascotte.

Mémoires d'un rat

À cette époque, ce point psychologique était marqué géographiquement par le tunnel de Tavannes.

On ne saurait exagérer le rôle que joua ce tunnel dans la défense de Verdun. C'était le seul abri pour les réserves, pour les blessés, pour les munitions et pour les vivres. On y goûtait la plus douce satisfaction qu'on puisse éprouver sous les obus ; celle de sentir une montagne sur sa tête. Là, s'accumulaient les biscuits, la chandelle et l'alcool solidifié. Je fis bombance[1] pendant deux jours aux dépens[2] de ces provisions destinées, il est vrai, aux premières lignes, mais qui conservaient peu de chance d'y parvenir. Quant à la disparition du vin et de l'eau-de-vie, j'en suis innocent ; on doit s'en prendre à la coutume qu'on les corvées dans les circonstances critiques de sauver le contenu des bidons en le consommant sur place.

Chaque soir, à l'annonce des pertes de la division, je comptais mentalement où en était le pourcentage et le remords m'accablait de ne pas éprouver devant ces hécatombes une tristesse sans mélange.

Le moment arriva pourtant où à notre tour il fallut sortir.

La zone des boyaux nous sembla courte. Les carrefours et les croisements, si nombreux dans notre ancien secteur, ne risquaient pas d'égarer les nouveaux venus. À partir de la batterie de l'hôpital il n'existait qu'une artère[3] unique qui se prolongeait encore, tant bien que mal, pendant quelques centaines de mètres grâce aux efforts obstinés fournis chaque nuit par des équipes de travailleurs.

À mesure que nous avancions, les parapets s'abaissèrent peu à peu de chaque côté et le fossé ne devint guère plus profond que ceux qui

---

1. Repas copieux, festin.
2. Au détriment de.
3. Voie de communication.

longent les grandes routes : puis brusquement le boyau ne fut plus qu'une piste à peine tracée au milieu des trous d'obus. C'était la troisième zone qui commençait.

Il fallait bien trois quarts d'heure environ, à des hommes chargés, pour traverser la nuit le terrain découvert qui nous séparait encore des premières lignes. Bien que je n'aie jamais vu l'Océan, je crois pouvoir donner une idée exacte du panorama en le comparant à une mer qui se serait figée au plus fort de la tempête.

Qui donc aurait pu se douter que nous traversions une forêt, si les cartes n'avaient pas donné la dénomination de bois à ces déserts pétrifiés où quelques souches noircies demeuraient les seuls vestiges des anciens ombrages ? Les oiseaux et tous les autres animaux avaient abandonné depuis longtemps ces champs maudits, à l'exception des mouches, des vers et des hommes qui, seuls, avaient pu s'y maintenir. Je puis affirmer que j'étais l'unique rat de toute la contrée.

Le chemin n'était qu'une succession de montées et de descentes pour passer d'un entonnoir dans un autre. Combien de fois Juvenet ne tomba-t-il pas sur les genoux en franchissant ces vagues solidifiées ! Mais, après chaque chute, il se relevait dans un sursaut d'énergie, car le spectacle des corps mutilés qui pourrissaient tout le long de cette voie n'était pas pour engager même les plus las[1] à céder à leur fatigue.

Le guide qui nous conduisait, allégé de tout fardeau, et dont ce voyage constituait la dernière corvée, hâtait le pas, éperonné[2] par le désir de la relève. Il fallait employer les menaces pour obtenir de lui quelques minutes de répit[3], nécessitées par l'épuisement des hommes. Ce guide

---

1. Fatigués.
2. Stimulé.
3. Pause.

Mémoires d'un rat

était pourtant notre seule sauvegarde : sans lui nous étions un troupeau d'aveugles. De sa mémoire et de son sang-froid dépendait le sort de la relève, car l'instabilité et l'improvisation de nos lignes produisaient parfois dans notre front des brèches qu'on pouvait franchir par mégarde[1], danger qu'aggravait encore l'uniforme dévastation du terrain par la difficulté d'y trouver des points de repère. Il n'était pas rare que des unités errassent toute la nuit dans les trous d'obus sans pouvoir trouver leur place. Même il arrivait qu'on vît ces compagnies vagabondes échouer le matin dans les lignes boches où elles étaient cernées et massacrées.

Mais notre guide était un chasseur alerte et déluré qui nous conduisit sans encombre jusque dans notre tranchée, si je puis donner ce nom à un petit fossé que nos prédécesseurs avaient hâtivement creusé pendant la dernière nuit. Ils nous passèrent les consignes succinctement[2] et s'éclipsèrent avec la précipitation de gens qui ne voudraient pour rien au monde changer leur sort contre le nôtre.

Restés seuls, notre première impression fut celle d'un isolement terrible. Murés entre deux zones de mort, nous nous sentions déjà retranchés des vivants.

Seuls, quelques coureurs nous reliaient avec l'arrière. Mais une si grande distance nous séparait des réserves qu'il ne fallait compter sur aucun secours de leur part.

Notre principale ressource consistait dans les fusées-signaux dont le lancement déclenchait les tirs de barrage à quelques mètres devant notre nez, ce qui supposait une confiance absolue dans la précision et dans la justesse de notre artillerie.

---

1. Sans le vouloir.
2. Brièvement.

120   Le jour ne vint pas dissiper l'oppression qui nous étreignait. Sa clarté livide précisa au contraire la nudité et les convulsions du champ de bataille. Combien regrettaient les tranchées où le foisonnement des rats n'était que l'indice du confort et de la sécurité !

Chapitre VII

La nuit avait été relativement calme, mais dès le matin un bombardement méthodique se déclencha sur les premières lignes. Nous comprîmes vite à quoi se réduirait notre rôle : encaisser les coups et rester sur place. Pas n'était besoin de faire massacrer une troupe d'élite pour cette besogne : qu'auraient fait de plus que nous des chasseurs ou des zouaves ?

Chacun courbait le dos sous l'avalanche, m'enviant d'être un rat tandis que j'aurais préféré être une puce. Vers midi, il devint évident que nous aurions pu nous épargner la fatigue d'emporter des provisions pour huit jours. Le plan de l'ennemi était simple mais irrésistible : nous exterminer d'abord et venir occuper ensuite notre position.

L'exécution de ce dessein fut poursuivie pendant deux jours avec une louable obstination qui aurait mérité plus de bonheur. Toutes les heures, un avion venait survoler nos lignes, pour vérifier si quelque être vivant y remuait encore. Malgré l'immobilité que nous gardions afin d'encourager l'observateur à faire cesser le feu, son examen ne devait pas être entièrement satisfaisant, car à chaque nouvelle visite le bombardement redoublait d'intensité.

Je ne puis expliquer le petit nombre de coups heureux – et par coup heureux chacun sait qu'il faut entendre celui qui étripe[1] l'adversaire – je ne puis donc expliquer l'infime proportion de ces coups que par la difficulté de réglage que nous offrions à l'artillerie.

Servir de cible aux canons pendant quarante-huit heures, quand on n'a pour s'abriter que son casque, son sac, et sa toile de tente peut paraître au premier abord une situation défavorable à l'infanterie[2]. Le manque de lignes organisées fut pourtant ce qui nous sauva à Verdun.

---

1. Éventrer.
2. Troupes à pied en charge de l'occupation d'un territoire.

Il se produisait, en effet, chez les deux partis de telles fluctuations, le cordon des tirailleurs[1] était si mince, si irrégulier, les tranchées se réduisaient à si peu de chose que notre principale force consistait dans l'ignorance où restait l'ennemi de nos emplacements exacts. Aussi était-il obligé d'écraser d'obus une zone entière au lieu de concentrer son tir sur des positions repérées.

Mais ce sont là des réflexions qu'on ne peut dégager des faits qu'à tête reposée et seulement après qu'on est sorti de la fournaise. Lorsque tout gicle, tout pète, tout tremble autour de soi, on ne s'arrête pas à calculer le pourcentage des coups heureux, mais on guette de minute en minute, de seconde en seconde l'obus qui doit vous tomber dessus, bien qu'on sache cependant que celui-là on ne l'entendra pas.

Une telle situation serait intolérable si, à la longue, le bourdonnement continu des projectiles et les vibrations presque ininterrompues de l'atmosphère ne vous jetaient dans un état d'engourdissement léthargique[2] qui peut, si l'on n'y prend garde, aller jusqu'au sommeil.

Personne n'avait faim, mais une soif fébrile[3] nous tourmentait. J'ai vu mon maître, qui avait partagé son eau avec moi, réduit aux plus dégoûtantes extrémités. Il ne faudrait pas cependant exagérer les souffrances qui proviennent des privations ; elles aggravent les autres en s'y ajoutant, mais il est des cas où le meilleur lard arrosé de l'eau la plus savoureuse me paraîtrait un réconfort dérisoire. Et pourtant ce qui frappe surtout les femmes et les mères, à ce que je crois, ce sont les nuits sans chandails[4], les pieds gelés, le manque de confort et les intempéries ; état d'esprit qui s'explique par l'impossibilité où nous sommes de sentir

---

1. Soldats chargés de tirer.
2. Paralysant.
3. Vive, ardente.
4. Pull.

Mémoires d'un rat

ce que nous ne connaissons pas et par la tendance à nous apitoyer sur les maux dont nous possédons davantage l'expérience.

Le soldat lui-même favorise cette conception de la guerre car les misères matérielles sont les seules qu'il puisse décemment avouer.

*

Les heures passaient lentement ; ceux qui possédaient des montres donnaient aux autres des renseignements chronométriques sans qu'il fût besoin de les interroger : « Dix heures vingt-cinq ! Onze heures moins un quart ! Onze heures ! » Qu'attendions-nous ? La nuit bienfaisante qui apporte toujours quelque répit.

De temps à autre, un blessé ou un mort occasionnait une diversion au désœuvrement qui tendait nos nerfs, par le prétexte qu'il fournissait d'agir et de remuer. On fouillait et déséquipait le cadavre ou bien on pansait les plaies du blessé.

L'entassement dans la tranchée était tel que Juvenet avait dû me poser sur le parados[1]. De là, je découvrais la déclivité[2] du terrain qui s'étendait en avant de nos lignes. Comme je regardais machinalement du côté de l'ennemi, j'aperçus des formes grises qui remuaient au ras du sol. C'étaient les Allemands qui s'avançaient sous la protection de leur artillerie dont l'action redoublait en ce moment d'intensité, à dessein de favoriser la progression de l'infanterie.

Leur tactique réussissait à merveille. Personne autour de moi ne les voyait car chacun se recroquevillait dans son coin. Je poussai des cris de détresse en exécutant des bonds désordonnés et je me démenai tant et si

---

1. Entassement formant un monticule destiné à protéger l'arrière d'une tranchée.
2. Pente.

fort que l'étrangeté de mon attitude attira l'attention de Juvenet. Il me crut sans doute blessé, car il se leva pour venir me prendre, et dans son mouvement il jeta instinctivement un regard par-dessus le parapet : les premiers assaillants se trouvaient déjà à portée de grenade.

– Les voilà ! cria-t-il en empoignant son fusil.

– Kamarade ou kapout ! hurlait le plus proche.

Mais Juvenet, sans épauler, le descendit d'une balle, au jugé.

Les suivants arrivèrent, jetant des grenades à manche, mais les nôtres répondaient déjà. Les Boches, constatant que nous n'étions pas tous exterminés, n'insistèrent pas et se replièrent en abandonnant leurs morts et leurs blessés.

– Elle est loupée leur attaque, constata Juvenet.

En effet, cette attaque montée avec de puissants moyens d'artillerie, échoua. Ce fut le dernier soubresaut[1] du kronprinz[2] devant Verdun. S'il avait franchi nos lignes ce jour-là, ses troupes auraient pu facilement pousser jusqu'au tunnel de Tavannes ; le fort de Souville était tourné et Verdun ne résistait pas à un nouvel assaut.

Donc, si Verdun fut sauvé c'est un peu grâce à moi dont les cris donnèrent à temps l'éveil à ses défenseurs. Et, si le général Nivelle put en qualité de vainqueur de la Meuse prendre le commandement en chef des armées c'est parce qu'un rat patriote se trouvait au bon moment sur le parapet de la tranchée.

Je ne rapporte pas ce fait pour soutenir des prétentions à une pension ni à quelque récompense honorifique, mais seulement pour démontrer combien, à la guerre, les petites causes peuvent engendrer de grands effets.

---

1. Tressaillement, sursaut.
2. Guillaume de Prusse, prince héritier allemand.

Mémoires d'un rat

Chapitre VIII

Cependant, les plus braves d'entre les assaillants s'étaient accrochés au sol, disséminés dans les trous d'obus. Les balles venaient de tous les côtés. Même un tireur invisible prenait notre tranchée d'enfilade, si bien qu'on n'y pouvait plus circuler qu'à quatre pattes.

Ce fut alors que Juvenet s'écroula en poussant un juron terrible : « Les vaches ! ils m'ont eu ! »

On le traîna, geignant, dans l'endroit le moins exposé. C'était un profond entonnoir où gisait déjà, avec une balle dans le ventre, le premier Boche que Juvenet avait si prestement démoli.

– Ô brave et infortuné Juvenet, m'écriai-je, mon bon maître, que ne m'a-t-il été donné comme au cerf de verser des larmes ! Ma misérable nature m'interdit de vous donner ce témoignage de ma douleur, mais, si ma vie pouvait sauver la vôtre, je l'offrirais sans regret !

« Vous aviez une âme pacifique et vous êtes tombé en guerrier. Ni l'ambition des honneurs, ni le mirage de la gloire, ni l'appât du butin[1] ne vous soutenait. Votre courage n'était pas la bravade[2] insouciante du soudard[3] ; mais vous estimiez qu'il fallait perdre la vie plutôt que les raisons de vivre. Vous acceptiez cette guerre parce qu'une défaillance consentie c'était l'abdication[4] devant la force, l'acceptation de la violence, la reconnaissance implicite d'une irrémédiable déchéance ; et vous n'auriez pas osé vous présenter devant Mme Juvenet dans l'attitude d'un esclave que la peur a dompté... »

---

1. Ce qui a été volé.
2. Fausse bravoure, pleine de vantardise.
3. Soldat aux manières brutales et grossières.
4. Abandon, capitulation.

J'en étais là de mon oraison funèbre, quand on vint me chercher ; c'était Juvenet qui avait demandé à me voir.

Je le trouvai souriant ; on lui avait coupé son pantalon et, tandis qu'on entourait sa cuisse de bandages, il essayait sans rancune de lier conversation avec sa récente victime.

Cette sérénité que j'attribuai d'abord à sa grandeur d'âme me remplit d'admiration. Mais, dès qu'il m'aperçut, il m'interpella familièrement : « Vieux Ferdinand ! je savais bien que tu me porterais bonheur ! »

Je me réjouis alors de constater que sa blessure, loin d'être mortelle, lui sauverait peut-être la vie et je devinai qu'il ne fallait pas le plaindre, bien qu'il eût assez de tact pour modérer sa joie devant ses camarades afin de ne pas attrister ceux qui restaient par le spectacle trop étalé de sa chance.

La fortune, d'ailleurs, lui sourit jusqu'au bout. La longue attente jusqu'à la nuit lui fut épargnée par une sorte de trêve qui se produisit soudain entre les combattants ; circonstance que je n'ai jamais rencontrée nulle part ailleurs. Il faut croire qu'il existe une limite même dans la sauvagerie et qu'à Verdun l'excès des cruautés quotidiennes avait fini par amollir le cœur des hommes.

Quoi qu'il en soit, les brancardiers sortirent des tranchées en agitant des mouchoirs et des drapeaux de Genève et, contrairement aux usages établis, personne ne leur tira dessus ni d'un côté ni de l'autre.

Au moment d'être chargé sur un brancard, Juvenet ouvrit ma cage et me donna la liberté : « Adieu Ferdinand, me dit-il avec émotion, ta présence serait inutile et ta situation peu sûre dans les hôpitaux. Je ne suis plus assez valide pour te défendre et tu pourrais tomber dans les mains d'un vivisecteur qui tenterait sur toi des expériences de vaccin T. A. B.[1]

---

1. Contre la typhoïde.

Mémoires d'un rat

Profite donc de l'accalmie pour filer de ton côté vers des parages moins agités. Bonne chance et adieu ! »

Rien ne me retenait plus dans cet enfer. Longtemps je suivis de loin le brancard de mon maître jusqu'au moment où il disparut dans le tunnel de Tavannes. Alors je pris ma course et d'une seule trotte je me dirigeai par le *Cabaret rouge* jusque sur la grande route de Verdun ; là je montai dans un camion en panne qui me conduisit à Bar-le-Duc.

Conclusion

À l'heure où j'écris ces lignes, le canon continue de gronder sur les champs de bataille. Mais la guerre est finie pour moi. J'ai couru assez de hasards pour apprécier la tranquillité des magasins d'intendance où je me suis retiré. C'est là seulement qu'on peut goûter les douceurs de la paix sans renoncer aux profits de la guerre. J'y ai trouvé l'abondance des vivres, la considération dont jouit tout ce qui touche à l'armée et l'intimité d'un foyer où s'apaise dans un bonheur domestique le souvenir de mes anciennes passions.

Mes nouveaux camarades, vieux rats de caserne pour la plupart, m'ont bien reçu. Ils ont écouté avec intérêt le récit de mes aventures, mais j'ai pu discerner dans leur attitude qu'ils se considéraient comme des militaires beaucoup plus authentiques que moi. J'ai appris à leur école qu'il ne suffit pas d'avoir servi pendant la guerre pour être réputé un véritable soldat ; il faut avoir servi pendant la paix. Je ne suis à leurs yeux qu'un brillant amateur dont les circonstances seules ont fait un conscrit, tandis que depuis de longues années ils ont élu domicile de leur plein gré dans les bâtiments militaires, à une époque même où personne ne croyait que ces constructions coûteuses seraient jamais utilisées pour la guerre.

La sécurité dont je jouis dans ma retraite et le recul dans lequel m'apparaissent aujourd'hui les événements auxquels je fus mêlé me permettent de les juger avec le sang-froid et le désintéressement d'un neutre. Ma qualité de rat et d'ancien combattant me donne le droit, je pense, de quelques-unes de ces considérations générales qui font toujours bon effet à la fin d'un ouvrage.

La grande différence entre les hommes et les rats, c'est que ces derniers ne se battent jamais que volontairement et par goût, tandis que je n'ai rencontré aucun homme qui fît la guerre pour son plaisir. Chacun d'eux paraissait céder à la nécessité, aussi bien parmi les agresseurs que chez les autres. Il faut donc supposer que ceux qui veulent la guerre ne sont pas ceux qui la font. Le chef-d'œuvre de l'organisation consiste alors à faire accomplir par la collectivité ce à quoi chacun de ses membres en particulier répugne le plus.

C'est pourquoi il est nécessaire qu'il y ait dans une nation une certaine masse d'individus qui soient dispensés d'exposer leur vie, afin qu'ils soient mieux excités à poursuivre la victoire par l'assurance d'en risquer seulement le profit. Ils gardent ainsi l'esprit libre pour suggérer les mesures les plus sanglantes et pour en exiger l'exécution. Trop près du danger, ils pourraient être enclins à moins d'énergie. La force principale des armées, c'est le réseau des forces protégées qui attendent derrière elles et qui sont prêtes à leur demander des comptes.

Moi-même, du temps que je vivais dans la tranchée, je dois reconnaître que le sentiment de mon intérêt particulier troublait pour moi la claire vision de l'intérêt général. Je ne demandais que deux choses : la première qu'on se battît ailleurs que dans mon secteur ; et la seconde, que l'artillerie n'excitât pas inconsidérément les représailles de l'ennemi.

Maintenant que j'assiste à la guerre de plus haut, je partage avec mes collègues l'opinion que la conduite en est molle et décousue. Il nous faut des offensives largement conçues et opiniâtrement exécutées jusqu'au résultat décisif.

Avec tous les tués qu'on a égrenés[1] dans les offensives partielles quel résultat n'aurait-on pas obtenu, *en les faisant massacrer d'un seul coup !*

Il faut être dans la tranchée pour ne pas saisir toute la justesse de ce raisonnement.

---

1. Enlevés comme le grain d'une grappe.

55 Trop de timidité, trop de discours, trop d'hésitation, trop de retards ! Nous voulons des actes ! Et nous ferons les sacrifices nécessaires !

Fin

Les commentaires de Ferdinand
(ancien rat de tranchées)

Au Maître Anatole France
en souvenir de son accueil à la Bechellerie,
je dédie ces pages inspirées de ses leçons

Les commentaires de Ferdinand

PREMIÈRE PARTIE

Chapitre premier

L'HEUREUSE FAUTE

Il ne faut jamais dire : « Fontaine je ne boirai pas de ton eau. » Je l'ai bien expérimenté, moi qui avais eu l'outre-cuidance de déclarer : « La guerre est finie pour moi ! »

Qui donc aurait pu croire que je quitterais jamais les magasins d'intendance où j'avais fixé ma retraite, pour courir encore les aventures et m'exposer à de nouveaux hasards ?

Et pourtant je suis retourné sur le front, comme tant d'autres qui avaient juré qu'on ne les y reverrait plus.

Ce changement ne fut pas l'effet d'un revirement de ma volonté mais la conséquence fatale d'un enchaînement des circonstances. Je ne me donnerai pas le genre, si bien porté cependant, de m'être évadé de l'arrière par caprice, par dégoût ou par impatience. Cette attitude de bravoure élégante ne pourrait m'apporter aucun profit, attendu qu'un simple rat ne doit espérer ni avancement ni titularisation[1], ni distinction honorifique. À quoi bon se tromper soi-même sur les motifs de sa conduite quand on n'a pas de camarades à éblouir ni de chefs à satisfaire ?

Je ne voudrais pas cependant que le cynisme[2] de cet aveu me fît passer pour un lâche ; c'est au contraire la conscience de ma témérité[3]

---

1. Intégration officielle dans l'armée.
2. Audace.
3. Courage.

naturelle qui me retenait à l'arrière. Sur le front, il n'est pas à la portée de tout le monde d'être prudent. Le plus circonspect[1] s'y trouve parfois à la merci des impulsions héroïques ou en proie au chantage de l'opinion : l'amour-propre, l'exemple, le respect humain, souvent de simples réflexes m'ont incité à commettre des actes dont le souvenir me fait trembler rétrospectivement. Et je sais bien que dans l'occasion rien ne pourrait m'empêcher de me comporter avec la même fougue ni d'obéir aux mêmes considérations. […]

C'est à un partisan de la fuite préventive que je dois d'être revenu dans les tranchées. Nous étions voisins et tous les deux volontaires, lui comme engagé spécial dans l'intendance et moi comme inspecteur bénévole des grains et farines. Il calligraphiait des bordereaux tandis que j'opérais des prélèvements ; si bien que nous engraissions tous deux aux frais de l'État, avec la seule différence qu'il touchait les denrées en deniers et moi en nature. Mais au lieu que mon collègue se préoccupait exclusivement des quantités, je considérais comme un devoir de goûter à tous les envois pour juger de leur qualité ; et si le contenu d'un sac me paraissait avarié ou seulement douteux, je ne prenais pas de repos que le fond n'en fut subtilement rongé, de sorte qu'au premier choc le sac crevait, le grain se répandait sur la route et la denrée suspecte devenait ainsi entièrement inutilisable.

Ce contrôle effectif sur les céréales valait bien je pense les services des intermédiaires qui nous les revendaient et je gardais sur ceux-ci l'avantage de coûter moins cher à la République.

Si je m'étais contenté du grain fourni par le gouvernement je n'aurais jamais trouvé la matière d'écrire une suite à mes commentaires. Mais, habitué à la nourriture variée des tranchées, je furetais partout pour

---

1. Prudent.

Les commentaires de Ferdinand

diversifier mon régime et pour améliorer mon ordinaire. C'est ainsi que je rendais de fréquentes visites aux entrepôts dont mon voisin et collègue tenait la comptabilité. Là, s'accumulaient toutes les marchandises qu'on peut vendre dans les coopératives militaires ; car c'était la maison mère où se fournissaient les succursales du front. Sur les rayons s'entassait avec ordre une variété infinie de comestibles : graisse à chaussure, savon, chandelle, sucre, pommade philopode[1], etc. ; j'attendais l'heure de la soupe et quand mon collègue s'était assuré que toutes les portes étaient bien cadenassées, j'entrais par un passage secret. Un jour je le surpris tandis qu'il empilait dans une caisse toute une cargaison d'objets hétéroclites, parmi lesquels je repérai un énorme jambon fumé. La rencontre venait à point pour satisfaire une envie de lard qui me travaillait depuis quelque temps. Aussi, quand je vis le maître du lieu disparaître, sans prendre la précaution de refermer la caisse, ne me fis-je aucun scrupule de lui infliger une leçon d'ordre et de prudence. Après m'être frayé un chemin au travers des copeaux de l'emballage, j'attaquai le jambon et j'apaisai sans hâte ma fringale[2], me fiant aux habitudes régulières de ma victime et à la durée moyenne de ses absences. Mais ma petite fête gastronomique fut interrompue par un fracas au-dessus de ma tête. Le couvercle du coffre venait de retomber lourdement et j'étais à peine revenu de ma surprise que toute la caisse fut ébranlée par des coups de marteau ; on me clouait vivant dans ce cercueil !

Il était donc écrit que je serais toujours victime de ma gourmandise ! Une fois déjà, je m'étais laissé prendre au piège par un engin de tranchée et malgré cette dangereuse expérience, j'étais retombé dans la même faute ! Les conséquences, heureusement, n'étaient pas aussi graves que

---

1. Crème pour les pieds.
2. Faim pressante.

lors de ma première capture. J'étais prisonnier, mais à l'insu de mes geôliers. Ma situation, si délicate qu'elle apparut, n'était donc pas désespérée, car ma prison était de bois tendre et, Dieu merci ! j'avais les dents assez bonnes pour venir à bout du chêne le plus dur.

Mon premier mouvement fut de commencer immédiatement le forage d'un trou, mais je réfléchis qu'il fallait agir avec circonspection[1] et ne pas me déceler[2] par un grignotement intempestif[3]. Cependant le marteau s'arrêta de frapper et, presque aussitôt, je sentis la caisse se soulever ; puis un balancement cadencé m'apprit qu'on m'emportait à bras d'homme vers une destination inconnue. Le transport fut court et au terme de ce premier trajet ma caisse fut lancée sans ménagement sur d'autres caisses. Je n'incrimine pas cette brutalité pour le danger qu'elle me fit courir d'être percuté par l'os du jambon, mais la fragilité des objets qui m'accompagnaient méritait, ce me semble, un peu plus de précaution.

Je n'eus pas à m'inquiéter longtemps du lieu où je me trouvais. La mise en marche d'un moteur, une petite secousse, puis un cahotement régulier me révélèrent qu'on m'avait chargé sur un camion automobile. Je profitai aussitôt du bruit de la course pour me mettre au travail avec ardeur car il s'agissait de reconquérir ma liberté le plus tôt possible.

Mais une conversation que je surpris entre le chauffeur et le convoyeur me fit changer de dessein.

— Où est-elle la coopérative ? demandait le chauffeur.

— Tu n'as qu'à suivre la grande route jusqu'à Rarecourt. C'est à côté de la division.

---

1. Prudence.
2. Faire remarquer.
3. Malvenu.

Les commentaires de Ferdinand

– Quelle division ?
– La trois cent vingt-deux.

Trois cent vingt-deux ! ce chiffre me fit battre le cœur aussi violemment que le nom d'une maîtresse chérie. Il faut avoir servi pour comprendre toute l'émotion qui peut tenir dans un chiffre. Trois cent vingt-deux, c'était le numéro de mon ancienne division ! On n'a pas partagé pendant un an la vie d'une grande unité sans en garder le culte et même la superstition. Un vertige inexplicable m'attirait de nouveau vers cette ancienne existence d'aventure, de camaraderie et d'épopée. J'oubliais tous les mauvais moments que j'avais traversés pour ne me souvenir plus que des heures joyeuses et faciles. Le regret de ma nouvelle famille et de mes nouveaux amis était lui-même atténué par la considération du grand nombre de kilomètres qui m'en séparait déjà et par l'impossibilité où je me serais trouvé de les rejoindre. « Restons, décidai-je, laissons-nous conduire par le sort. Plutôt que de recommencer ma vie dans une ambiance inconnue, mieux vaut revenir dans un milieu familier et dont je possède l'expérience. La vie à l'état-major me rapprochera de mes anciens compagnons et j'y pourrai suivre de loin la destinée de mon régiment. »

Par les interstices des planches, j'assistai au déclin progressif du jour, si bien que la nuit était venue quand l'auto s'arrêta. Ma caisse fut descendue et mise à part avec cette recommandation verbale : « Ça, c'est pour la popote du général. »

Dès que le silence autour de moi m'eut assuré que j'étais seul, je repris mon travail de perforation et bientôt je me trouvai en liberté dans un hangar éclairé par la lune.

Chapitre II

LA RENCONTRE

Mme Juvenet avait coutume de dire : « Mes pressentiments ne me trompent jamais ! » Je me demande aujourd'hui si les raisons qui me firent différer mon évasion et me décidèrent à rester au Q. G.[1] n'empruntaient pas leur force à une divination[2] du cœur. L'attrait mystérieux auquel j'obéis alors et la rencontre de mon maître que je fis le lendemain sont deux faits sans lien apparent et dont la succession peut s'expliquer par une simple coïncidence. Mais c'est une coïncidence étrange et qui confirmerait encore Mme Juvenet dans sa croyance aux pressentiments.

Quoi qu'il en soit, le premier objet qui attira mes regards, quand je débouchai dans la cour du bâtiment où j'avais passé la nuit, ce fut LUI ; Lui, qui était assis sur le seuil d'une cuisine et qui pelait des pommes de terre, en fredonnant *La Madelon*. Je le reconnus sans hésitation, bien qu'il eut pris de l'embonpoint. C'était bien sa même voix aux tonalités fausses mais sympathiques et son même couteau à manche noir qui lui venait des Anglais. Aucune erreur n'était possible.

À cette vue, je ne fus pas maître de mes mouvements et je m'élançai dans sa direction en bondissant de joie. Mais lui ne me reconnut pas. Il lâcha son couteau et brandit une canne en criant : « Non mais, il est culotté celui-là ! » J'eus à peine le temps d'exécuter un brusque changement de direction à droite pour éviter le coup. Son bâton me frôla les reins et s'abattit sur le sol dans un nuage de poussière ; puis, furieux de m'avoir manqué, le malheureux me poursuivit encore à travers la

---

1. Quartier général.
2. Intuition.

Les commentaires de Ferdinand

cour en m'invectivant, jusqu'à ce que j'eusse trouvé une issue pour disparaître.

Quand je me sentis en sûreté et que je réfléchis à ma mésaventure, je tremblai d'horreur et d'indignation. « L'insensé, m'écriai-je, il m'aurait assommé avec le même zèle qu'il employait autrefois à me défendre et à me plaire. »

Certes, je savais bien qu'il m'avait pris pour un autre, et c'est précisément ce qui me vexait le plus. On n'est jamais flatté par ce genre de méprise ; surtout quand on éprouve pour la première fois qu'un rat ressemble beaucoup à un autre rat.

Longtemps j'hésitai à renouveler ma tentative : « S'il avait gardé, ruminai-je, aussi pieusement que moi le souvenir de notre ancienne liaison, il aurait dû en mémoire d'elle mieux traiter mes congénères. Mais hélas ! je vois qu'il m'a complètement oublié. À chaque rat rencontré, son cœur ne lui dit pas que c'est peut-être moi. Qui sait même quel accueil il m'aurait réservé, en supposant qu'il m'eut reconnu ? Ma présence lui deviendrait vite importune[1]. Ces amitiés de tranchées ne résistent pas à un séjour à l'arrière. Sur le front, chacun se sent proche de tous les autres et reconnaît son frère dans le plus humble, mais dès qu'on s'écarte de la ligne de feu, les distances s'accusent, chacun reprend son rang selon son éducation, sa naissance ou sa culture. Combien ont cru cimenter par le sang une amitié profonde, qui s'empresseront après la guerre d'espacer leurs relations ! Oui, mieux vaut garder intact en mon cœur les reliques du passé, plutôt que de risquer leur profanation pour avoir tenté maladroitement de les ressusciter ! »

Cependant, la saine et froide raison m'avertissait que j'avais tort de céder à une ridicule susceptibilité. L'acharnement de Juvenet contre ma

---

1. Dérangeante.

race n'était pas pour moi une révélation inattendue. Ne l'avais-je pas connu de tout temps ennemi déclaré des rats ? Et cette haine universelle dont je venais, par erreur, de subir les assauts ne donnait-elle pas au contraire un prix singulier au privilège dont j'avais seul joui de trouver grâce devant ses yeux ? N'était-il pas extrêmement flatteur pour mon amour-propre de constater que l'estime particulière où il tenait mon individu l'avait emporté sur sa prévention aveugle contre l'espèce ?

Ces considérations, aidées par mon bon naturel apaisèrent mon ressentiment et me donnèrent le courage de tenter encore une entrevue.

La difficulté était de trouver un signal de reconnaissance ; je me souvins fort à propos d'un tour de souplesse qu'il m'avait enseigné autrefois et qui consistait à tourner sur place en tenant l'extrémité de ma queue entre les dents. Cet exercice faisait partie du fameux dressage qui avait établi ma notoriété et celle de mon maître*. L'attitude circulaire nous est assez peu naturelle pour qu'elle attire l'attention d'un spectateur, même non prévenu ; à plus forte raison parlerait-elle au cœur et à la mémoire de mon professeur. Instruit par ma première expérience, je pris le temps qu'il changeait de chaussettes, bien certain qu'il hésiterait à me poursuivre pieds nus. Mais, dès qu'il m'aperçut, il me lança ses deux brodequins[1] avec plus de force, heureusement, que d'adresse : le premier trop long, le second trop court ; n'étant que bipède, les munitions lui manquèrent pour un troisième coup au but. Alors, bien loin que je déguerpisse, comme il s'y attendait, j'exécutai quelques voltes[2] dans la position du rat qui se mord la queue.

---

* Cf. *Mémoires d'un rat*.
1. Chaussures.
2. Pirouettes.

Les commentaires de Ferdinand

L'effet ne se fit pas attendre. Juvenet ouvrit d'abord la bouche sans pouvoir proférer autre chose que les interjections ; puis il balbutia, comme s'il se parlait à lui-même : « Mais c'est... c'est... Ferdinand ! » À ces mots, j'arrêtai ma valse et je le regardai, immobile. Pour m'éprouver, il prit un bout de gruyère qui traînait sur la table et me le tendit en m'appelant par mon nom. Je m'approchai sans hésitation et vins manger dans sa main.

À cette vue son dernier doute se dissipa ; surtout quand il eut remarqué ma queue tronquée, la touffe de poil qui me manquait sur le dos et la mine éveillée qu'on veut bien me reconnaître.

Mais il avait peine à croire que cette rencontre fut l'effet seulement du hasard : « Comment diable as-tu pu me retrouver ? » De bonne foi, il pensait que je l'avais longtemps cherché et je bénissais mon mutisme[1] congénital[2] qui nous épargnait l'alternative d'un mensonge ou d'une désillusion.

À la spontanéité des premiers épanchements succédèrent entre nous cette gêne et cette gaucherie qui sont la conséquence fatale d'une trop longue séparation, mais dès le lendemain nos relations avaient repris l'aisance et la familiarité accoutumées.

---

1. Silence, fait de ne pas parler.
2. Inné, de naissance.

Chapitre III

JUVENET CUISTOT

Après sa blessure, Juvenet, lui aussi, avait cru que la guerre était finie. Mais il dut s'avouer bientôt qu'elle durerait encore longtemps après qu'il serait guéri. Aussi se préoccupa-t-il d'en adoucir pour lui les fatigues et d'en restreindre les dangers.

Depuis longtemps, il entendait dire par des personnes autorisées qu'on servait aussi bien sa patrie à l'arrière qu'à l'avant, à l'usine qu'à la tranchée, chacun selon ses aptitudes et ses compétences. À son tour, il chercha donc quelles pourraient bien être ses compétences à part celles de combattant et s'il ne posséderait pas quelque aptitude à devenir autre chose que de la chair à canon.

Certes, il ne prétendait pas que son poste restât vide dans la tranchée. Non, son rêve était de permuter avec un employé indispensable à la défense nationale et auquel il aurait cédé sa place. La difficulté était de trouver un permutant. Aussi, pratiquement, résolut-il de poser sa candidature à n'importe quel emploi et de s'en remettre au législateur du soin de combler le vide que son départ laisserait dans l'armée.

Le principal atout dans son jeu, c'était son cousin, l'homme gras et important que j'avais vu trôner dans la salle à manger de Billancourt. Juvenet comptait que par solidarité familiale, son parent mettrait en œuvre toutes les relations que celui-ci se vantait d'entretenir dans les bureaux. Mais le cousin Ernest était très fier de mon maître qui avait reçu la Croix de guerre pour sa conduite à Verdun. Quand Juvenet allait le voir, le cousin ameutait toute la maison : « Le voilà notre héros » – « Et il ne s'en fait pas, vous savez ?... Prêt à recommencer à la prochaine occasion... et cette fois, ce sera le galon de sergent... ! »

Les commentaires de Ferdinand

Un murmure d'admiration parcourait le cercle des assistants et Juvenet venu pour avouer sa lassitude était contraint de bomber le torse et de poitriner ; mais jamais il ne pardonna au cousin cet excès d'enthousiasme.

C'est que le cousin Ernest voulait sa part d'épopée. Pour rien au monde, il n'aurait renoncé à la satisfaction de pouvoir dire : « Mon cousin le poilu…, mon cousin qui est en Argonne » et peut-être un jour : « Mon cousin qui est tombé au Champ d'Honneur ! » Ah, ce jour-là on ne manquerait pas de mettre le cousin dans le journal.

Juvenet comprit que l'honneur du nom était engagé. Les Juvenet devaient au pays, à l'opinion, et à eux-mêmes, de maintenir dans les tranchées le membre de la famille qui les y représentait si glorieusement. Aussi ne compta-t-il que sur lui-même pour se procurer un filon[1], et après quelques jours de réflexion, rien ne lui parut plus propre à ce dessein que d'apprendre la cuisine. En quoi il faut louer sa perspicacité. La guerre qui favorise tous les spécialistes de l'industrie et tous les praticiens de la science n'a d'égard, parmi les artistes, que pour les seuls culinaires. Aux armées, un médiocre cuisinier trouve plus facilement son emploi qu'un poète, un sculpteur ou un philosophe. La table étant le seul plaisir admis dans les camps modernes ses ministres en ont acquis du relief et du prestige. Les soldats veulent bien mourir mais le ventre plein.

Juvenet possédait les dons naturels et le goût nécessaire ; même il avait été cuistot à l'occasion, quand le titulaire de l'emploi manquait. Mais son ambition s'élevait au-dessus du cuistot de roulante, paria[2] de la corporation. Il savait que ces malheureux sont toujours à la peine, quelquefois au péril, jamais à l'honneur.

---

1. Bonne place.
2. Personne mise à l'écart et méprisée.

Quant aux popotes d'officiers subalternes, si le travail y est moins continu, les difficultés y sont plus grandes. L'ingéniosité du cuisinier doit suppléer à tout ; et quand il a construit son fourneau, trouvé de l'eau, touché ses distributions, volé du bois, il lui faut souvent transporter lui-même son repas à travers des zones peu sûres avant de le servir aux convives.

Non, Juvenet rêvait d'une popote d'état-major (si petit fut-il), une popote sédentaire[1] et confortable où le bois serait abondamment fourni par l'intendance, l'eau amenée à pied d'œuvre, le fourneau et la batterie transportés avec les bagages dans des fourgons et toutes les corvées assumées par des aides.

C'est pourquoi, au lieu de passer, comme tant d'autres, son examen de chauffeur, carrière que l'encombrement a rendue chanceuse, Juvenet employa ses deux mois de convalescence à travailler les sauces et les ragoûts sous la direction d'un de ses oncles qui tenait dans les environs de Lyon une gargote fameuse. À cette école il s'assimila rapidement les méthodes et les principes qui sont l'armature et la base du métier, fondements indispensables au développement ultérieur d'un talent.

Étant né rôtisseur, il ne lui restait qu'à devenir proprement cuisinier et ce titre, grâce à son zèle, il ne tarda guère à le mériter. Même son oncle lui révéla quelques recettes célèbres qui étaient demeurées jusqu'alors le secret de la maison.

Au dépôt du corps, l'estomac d'un commandant fut son premier champ d'expérience et son succès fut tel qu'on ne l'aurait jamais laissé partir en renfort si des ordres sévères et des inspections impitoyables n'avaient obligé la popote à s'en défaire. Du moins partit-il avec cette note : *excellent cuisinier*. C'était un brevet qui valait mieux que toutes les recommandations. Aussi, dès que le général fit demander un cui-

---

1. Permanente, bien installée.

Les commentaires de Ferdinand

sinier au dépôt divisionnaire, ce fut Juvenet qu'on désigna comme le plus idoine[1] à cet emploi ; et depuis qu'il était entré en fonction, il s'était révélé un véritable *chef* d'état-major. Grâce à lui, le général et ses officiers mangeaient toujours de bon appétit, les repas étaient gais, les digestions faciles et par conséquence, les ordres restaient clairs, les conceptions lucides, le moral élevé. La troupe se félicitait de la cordialité qui régnait à l'état-major et l'état-major du bon esprit qui animait la division, sans que personne s'avisât jamais de rapporter à Juvenet la part qui lui revenait dans cet état de choses.

Juvenet régnait en maître dans la cuisine et il sut m'imposer à ses compagnons : un aide, un serveur et la propriétaire de la maison, Mme Badois, qu'on appelait la « maman ». J'avais soin, d'ailleurs, de me tenir à ma place, c'est-à-dire dans une caisse près du fourneau, et je m'appliquai à dissiper par ma discrétion et par ma propreté le reste de préjugé qu'on aurait pu garder contre moi.

La maman prenait ses repas avec messieurs les cuisiniers, comme il est d'usage, et, le soir, le dîner se prolongeait en causeries où mon maître brillait à l'ordinaire. Il racontait à Mme Badois nos aventures, les misères de la vie de campagne et nos combats devant Verdun. Je dis nous, car j'étais toujours mêlé à ses récits comme un inséparable compagnon d'arme.

À certains détails, la bonne dame levait les bras au ciel en poussant des exclamations : « Mon Dieu !... cette guerre !... Est-ce possible !...

– C'est comme je vous le raconte, reprenait Juvenet, Ferdinand était là, il ne dira pas le contraire ! »

Je remarquai que mon maître ne gardait pas dans ses discours la même retenue qu'autrefois. Lorsqu'il était combattant, une sorte de

---

1. Approprié.

pudeur farouche[1] lui faisait dissimuler ses souffrances et taire ses états de service, tandis qu'il tombait maintenant dans le bavardage et même dans la vantardise. C'est que jamais il n'avait senti le besoin de se faire valoir comme depuis qu'il avait renoncé aux lauriers héroïques. Le rappel des périls passés lui semblait excuser sa sécurité présente et il ne voulait pas laisser oublier qu'il avait connu d'autres feux que celui des fourneaux et d'autres marmites que celles de sa cuisine.

Je crois aussi qu'un autre motif plus utilitaire le poussait à exciter, par tous les moyens, la pitié et l'admiration de Mme Badois : il s'agissait de se rendre la maman favorable et d'achever par le prestige militaire l'œuvre de séduction qu'avaient déjà commencée les menus services et les bons morceaux.

Cette tactique lui avait déjà procuré une chambre et un lit avec des draps ; il entreprenait maintenant de se faire laver son linge et raccommoder ses effets.

Quelquefois, tous deux baissaient la voix et s'entretenaient mystérieusement. Si un secrétaire entrait, la conversation cessait brusquement, ou prenait un autre tour. Je connaissais mon maître trop bon français pour le soupçonner de trafiquer des secrets de l'état-major. Mais ces complots me déplaisaient et j'en étais arrivé à me demander : Juvenet ferait-il danser l'anse du panier[2] ?

Combien j'eus honte plus tard de ce soupçon injurieux qui n'aurait jamais dû effleurer mon esprit !

---

1. Intraitable.
2. Ferait-il des bénéfices sur le compte des autres.

Les commentaires de Ferdinand

Chapitre IV

LE SCANDALE DU Q. G.

Cette vie au coin du feu durait depuis plusieurs jours, quand, un beau matin, Mme Badois annonça que sa nièce de Paris avait obtenu un laisser-passer du quartier général et un certificat du commissaire de police. Munie de ces deux pièces nécessaires (mais pas toujours suffisantes) elle espérait venir passer quelque temps à Rarecourt, avec la permission des autorités civiles et militaires.

En effet, dès le lendemain, la camionnette affectée au service des journaux déposa dans la cour une jeune femme et une vieille valise. Contrairement aux prescriptions sans cesse renouvelées, le chauffeur, serviable et galant, leur avait offert l'hospitalité de sa voiture, comptant sur la protection des bâches pour dissimuler ce chargement illicite ; si bien que Mlle Berthe nous arriva en même temps que les nouvelles du jour.

C'était une blonde qui portait la toilette en Parisienne et dont une passagère timidité tempérait provisoirement l'exubérance. La vue, à mon avis, n'en était pas désagréable et mon humble jugement fut immédiatement confirmé par celui plus autorisé du capitaine du Schnock. Je le vis s'élancer du haut d'un petit perron et tendre courtoisement la main à la voyageuse, pour l'aider à sauter à terre. Puis il la conduisit lui-même dans les bras de sa tante.

Le capitaine du Schnock cumulait le commandement de l'escadron divisionnaire et la charge de chef de popote. À lui seul il constituait le 4e bureau.

Jusqu'à ce jour, il avait fréquenté davantage l'écurie que la cuisine, mais, depuis cette rencontre, tout le temps qu'il put dérober à l'inspection des chevaux fut consacré à la revue des casseroles ; zèle dont se serait bien passé Juvenet.

Le souci du menu fournissait un prétexte à cette importune assiduité[1], mais la raison véritable et secrète c'était le tendre intérêt qu'il portait à Mlle Berthe.

Il n'en faudrait pas conclure que la nièce de Mme Badois posséda des attraits mystérieux et exceptionnels, mais c'était la seule femme à Rarecourt dont la silhouette pouvait évoquer, même de loin, les estampes coloriées que les officiers découpent dans les revues galantes pour l'ornementation de leur P. C.[2] Et cette considération suffit à expliquer le coup de foudre du capitaine.

J'admirais au contraire la réserve de mon maître qui poussait la froideur jusqu'au manque de prévenance, faute que ne suffisait à excuser ni sa foi conjugale ni son respect de la hiérarchie : peut-être, pensai-je, lui garde-t-il rancune d'avoir dû céder sa chambre.

Or un jour qu'ils se croyaient seuls dans la cuisine je vis Mlle Berthe sur les genoux et dans les bras de mon maître ! À qui donc se fier désormais ? Tant de perversité alliée à tant d'hypocrisie ! Je ne pouvais pas croire au témoignage de mes yeux et je voulus le contrôler par celui de mes oreilles. Juvenet disait : « Hein, ma vieille, il en ferait une tête le du Schnock ? » Ce petit nom d'amitié fut pour moi un trait de lumière. Je regardai mieux Mlle Berthe et je reconnus Mme Juvenet.

Mon erreur était excusable. J'avais connu une Mme Juvenet fardée de vert par la mélinite[*] tandis que la poudre dont se servait Mlle Berthe ajoutait encore à la blancheur naturelle de son teint. Tout autre se serait

---

1. Présence régulière.
2. Poste de commandement.
* Cf. *Mémoires d'un rat*.

Les commentaires de Ferdinand

mépris à ma place ; néanmoins je crus devoir faire en mon cœur amende honorable à mon maître que j'avais si témérairement condamné, dans l'instant même où il méritait toute mon admiration.

Je comprenais maintenant les colloques mystérieux, les réticences, les silences qui m'avaient intrigué. C'était la complicité de la maman, corrompue par Juvenet, qui avait rendu possible cette rencontre. Car pour pénétrer dans la zone de notre stationnement il fallait qu'une femme prouvât d'abord qu'elle n'allait pas voir son mari et qu'elle justifiât ensuite du motif supposé de son voyage. La véritable nièce avait dû entreprendre les démarches, obtenir les autorisations ou certificats, et, par une substitution aussi hardie que périlleuse Mme Juvenet était partie à sa place.

Tant les barrières multipliées à dessein pour séparer les ménages ont procuré aux gens mariés des sensations jusque-là interdites et dont ils sont redevables aux états-majors et aux gendarmes ; l'amour conjugal en perdant ses commodités, sa quiétude et ses droits gagnait un haut goût d'aventure et presque de faute. Le rôle d'épouse à quoi Mme Juvenet était obligée naguère par la loi était devenu un délit mieux réprimé que l'adultère, si bien qu'elle se trouvait réduite pour aller trouver son mari à des ruses qui d'ordinaire demeuraient le privilège des amants. Sans sortir de l'honnêteté elle pouvait goûter pour la première fois tous les condiments[1] de l'amour coupable : l'intrigue, la peur, le mystère et le mensonge. La nouveauté du cadre, l'insécurité continuelle, le secret des épanchements, la proximité du front, en faut-il davantage pour donner une saveur nouvelle aux baisers coutumiers ? Aussi semblait-elle toute rajeunie par son escapade et mon maître lui-même croyait revivre les huit jours de son voyage de noces à Poissy.

---

1. Assaisonnements.

Proche de Rarecourt commençait la forêt d'Argonne. Chaque après-midi les deux complices s'y donnaient rendez-vous et, le soir, ils revenaient par des routes opposées, lui, perdu dans l'anonymat de son uniforme, elle, marchant dans une apothéose[1] d'hommages et de sourires. Les artilleurs mettaient leurs chevaux au pas pour prolonger la vision de sa robe. D'autres, épars[2] dans les champs, se rassemblaient sur le bord du chemin pour se rapprocher d'elle. Son apparition était signalée de groupe en groupe, de cantonnements en cantonnements. Les conversations s'arrêtaient à son passage et derrière elle montait un murmure confus de désirs, de regrets et de rêves.

Et moi, témoin de cette idylle, j'avais peine à identifier le couple que j'avais sous les yeux avec celui que j'avais connu dans la cuisine de Billancourt. Il ne s'élevait plus entre eux que des querelles d'amoureux. Juvenet, par exemple, reprochait à sa femme sa coquetterie avec du Schnock ; à quoi elle répondait par des mines boudeuses et par des protestations indignées. Mais au fond elle était infiniment flattée à la fois des hommages du capitaine et de la jalousie de son mari. Juvenet lui-même se sentait honoré par l'attention qu'accordait à sa femme un homme du monde. L'assurance qu'il avait de savoir son goût partagé par un connaisseur l'encourageait à s'en tenir au choix qu'il avait fait et son devoir lui paraissait plus attrayant depuis qu'il y avait découvert tous les éléments d'un caprice.

Un autre sujet de dispute, celui-là moins anodin, et qui pourra devenir plus tard une occasion de dangereux froissements, ce sont les divergences de vues culinaires qui s'accusaient parfois entre les époux. Mme Juvenet en tournant autour du fourneau se mêlait de donner des conseils, critiquait les méthodes de son mari, prétendait imposer ses

---

1. Glorification.
2. Éparpillés.

recettes. Mon maître lui faisait sentir doucement la supériorité de sa culture et la lutte restait courtoise. Mais quand Juvenet rentrera de la guerre et qu'il voudra discuter l'exécution du menu... je tremble au seul penser des scènes qui en résulteront.

Cependant le capitaine du Schnock ne se décourageait pas. Il attribuait ses insuccès à la difficulté de se ménager un tête à tête avec la sauvage Berthe. Car Mme Juvenet se faisait chaperonner par Mme Badois qui jouait le rôle d'une duègne[1] farouche. Aussi essayait-il de se concilier la tante pour mieux séduire la nièce et la « maman » exploitait sans scrupule la situation pour se faire prêter des chevaux de labour et des corvées de travailleurs.

Une fois même, la nièce et la tante furent invitées à boire une coupe de champagne à la table de la popote. L'astucieux du Schnock ayant fait intervenir le général lui-même, Mme Juvenet dut céder. Mais ce jour-là mon maître fit brûler le rôti et tourner la crème.

Enfin ce qui devait arriver, arriva. Au cours d'une de ses promenades à cheval, le capitaine du Schnock, en débouchant dans une clairière, surprit mon maître et sa femme comme je les avais trouvés dans la cuisine. Mme Juvenet rougissante et voulant garder à tout prix son renom d'honnête femme ne put se retenir de crier en manière de justification : « Monsieur, c'est mon mari ! »

Aveu fatal qui donna au rival malheureux une arme pour se venger du ridicule d'avoir courtisé en vain la femme de son cuisinier !

Mme Juvenet dut partir le lendemain sous l'œil narquois[2] des gendarmes et Juvenet fut relevé de ses fonctions. Le seul adoucissement qu'il obtint fut d'être renvoyé à son ancien bataillon.

---

1. Gouvernante, chaperon.
2. Moqueur.

Il n'aurait dépendu, je crois, que de Mme Juvenet de conserver son poste à son mari. Mais il faut la louer de n'avoir pas donné à son persécuteur le seul argument capable de le fléchir. Je lui sais gré personnellement d'avoir placé la dignité de mon maître bien au-dessus de sa sécurité, car les maris sont toujours les victimes de ces sortes de dévouement, n'ayant le choix qu'entre le ridicule de celui qui ignore ou l'abjection[1] de celui qui sait.

---

1. Bassesse.

DEUXIÈME PARTIE

Chapitre premier

LE RETOUR

Le 15 octobre 1916, par un temps gris et couvert, nous partîmes à pied de Rarecourt. Juvenet avait pris soin de me nouer autour du corps l'extrémité d'une longue ficelle dont l'autre bout restait fixé à son poignet. Que de périphrases[1], dira-t-on, pour ne pas avouer que vous étiez tenu en laisse ! Non, je n'étais pas en laisse. Les alpinistes sont-ils « en laisse » pour être liés l'un à l'autre par une même corde ? Sont-ils déshonorés par cet acte de solidarité qui les assure de se sauver ou de périr ensemble ? De même, mon maître, avant d'entreprendre une course longue et incertaine, avait-il jugé bon de matérialiser le lien d'amitié qui nous unissait ; et cette précaution trahissait seulement la crainte mutuelle que chacun de nous éprouvait de perdre l'autre.

L'ancien régiment de Juvenet tenait le secteur de Vauquois. Pour le rejoindre, il nous fallait traverser une zone de dix kilomètres où tous les villages avaient été détruits lors de l'offensive sur Verdun. Dans ce désert, il existait heureusement quelques oasis, peuplées par des tribus d'artilleurs, où nous trouvâmes à nous rafraîchir et à nous renseigner.

La route était simple : « Tu n'as qu'à suivre le caillebotis[2] jusqu'au bout. » Il fallut traverser des forêts et des clairières, toujours sur des pistes en rondins, où j'étais obligé à des acrobaties continuelles pour ne pas mettre la patte dans les interstices[3] des traverses. Enfin, à la

---

1. Détours.
2. Plancher de bois.
3. Fentes, intervalles.

lisière d'un bois, nous apparut, dans le crépuscule, la fameuse butte de Vauquois.

Les cartes postales illustrées d'avant la guerre sont d'accord avec les cartes au quatre vingt millième pour témoigner qu'en haut de la butte existait autrefois une église, autour de l'église un village et autour du village une ceinture de vignes et de jardins. Mais quand je la vis pour la première fois, en ce soir d'octobre, la verte colline n'était déjà plus qu'un énorme tas de déblais et de gravats.

En grimpant la pente du mamelon blanc, où se trouvait le P.C. du colonel, notre allure se ralentit beaucoup. Outre la raideur de la côte, une certaine appréhension alourdissait notre marche : nous nous attentions à un accueil froid.

– Sûr que du Schnock aura envoyé mes coordonnées ! grommelait Juvenet ; car, depuis son passage à l'état-major, il s'exprimait volontiers par métaphores topographiques.

En effet, une fiche l'avait précédé de 24 heures, laquelle se terminait par cette flétrissure[1] : « *Ne doit être pourvu d'aucun emploi ; n'est bon qu'à être envoyé dans les tranchées.* » Mais ces lignes désobligeantes ne produisirent pas l'effet pernicieux[2] qu'en espérait l'auteur. La confusion qu'on semblait y établir entre les tranchées et le bagne[3] piqua l'amour-propre des combattants et jeta tous les officiers dans notre parti. Pourtant quelques-uns avaient maintes fois répété qu'il n'y a que les poires qui soient sur le front ; mais on n'aime pas à se l'entendre dire et chacun veut garder l'illusion d'occuper un poste honorable. Aussi se sentaient-ils solidaires de Juvenet et ils s'interrogeaient entre eux par plaisanterie

---

1. Propos infâme.
2. Malfaisant, nuisible.
3. Prison pour les condamnés aux travaux forcés.

afin de savoir pour quel crime ils avaient encouru la même condamnation que lui. Un mot de mon maître fit fortune ; faisant allusion aux deux années qu'il avait passées antérieurement dans les tranchées, il avait dit finement au colonel : « Je suis un récidiviste » ; boutade qu'on voulut bien trouver spirituelle.

Ces dispositions d'esprit nous valurent un accueil bienveillant, surtout quand on connut le véritable motif de notre disgrâce. Même on nous marqua d'autant plus d'intérêt que cette attitude infligeait un blâme indirect au capitaine du Schnock, de sorte que Juvenet bénéficia d'un réveil de cet esprit frondeur[1] qui couve dans la troupe contre les états-majors.

Car il n'est pas moins difficile ni moins élogieux pour un officier d'état-major d'obtenir la sympathie de la troupe que pour un rat l'affection d'un poilu ; avec cette différence, que les rats ne peuvent conserver aucune illusion sur les sentiments qu'ils inspirent, tandis que les officiers en question se tromperaient gravement s'ils jugeaient de leur popularité par les sourires obséquieux[2] qu'ils font naître à leur passage. La vérité c'est qu'on ne leur pardonne pas le reflet d'étoile qui s'ajoute à l'éclat naturel de leurs galons. Mais on ne leur laisse deviner ce qu'on pense d'eux qu'en l'enveloppant du triple voile de la plaisanterie, de la métaphore et de l'anonymat. C'est ainsi qu'a circulé la définition célèbre où ils sont comparés à des porcelaines richement décorées mais n'allant pas au feu.

Instruits par la rumeur publique et stylés[3] par des circulaires confidentielles, ils ont tenté d'incroyables efforts pour se concilier leurs enne-

---

1. Contestataire.
2. Faux, hypocrites.
3. Dressés, formés.

mis. Mais il faut convenir que leur rôle est ingrat et leur tâche difficile. Leur affabilité même est réputée de commande et personne ne leur en sait gré. Se montrent-ils par hasard moins accueillants ? leur réserve passe pour une morgue aristocrate.

Négligent-ils de visiter un secteur ? leur absence est amèrement critiquée et commentée sans ménagement. Viennent-ils au contraire sur les positions ? on remarquera malignement qu'ils ont choisi l'heure la moins mouvementée d'une journée exceptionnellement calme.

Si l'un d'eux, sans penser à mal, se présente à la tranchée en tenue de promenade, son élégance qui contraste avec les capotes sales et déformées sera relevée comme un défi à la misère du poilu. N'existât-il qu'un seul coin boueux dans tout le secteur, l'imprudent est sûr d'y patauger longuement et de revenir avec des bottes crottées jusqu'aux genoux ; bien heureux encore s'il n'a pas déchiré sa tunique ou sa culotte dans les fils barbelés. La fête est complète quand on peut le faire marcher à quatre pattes dans une galerie ou ramper sur le ventre dans un trou d'obus.

Aussi, la prochaine fois, croyant désarmer la malveillance, prendra-t-il la précaution de venir en costume de tranchée. Mais chacun alors se gausse de son déguisement et, à défaut de son vestiaire[1], s'applique à saboter son prestige. Le jeu consiste alors à le faire courir ou se courber hors de propos ; s'il baisse la tête on sourit ironiquement, s'il la lève au-dessus du parapet, on le rend responsable des obus qui peuvent tomber après son passage. Parfois même, on entreprend de le forcer comme un lièvre pour le plaisir d'épier sa sueur et son essoufflement : chaque P.C. forme relais et les guides se le repassent de main en main jusqu'à lui faire demander grâce.

---

1. Habillement.

Les commentaires de Ferdinand

Il est vrai que ces traitements barbares sont infligés avec la plus extrême courtoisie ; mais il suffirait au patient de posséder une finesse d'oreille supérieure seulement de dix mètres à la portée d'ouïe ordinaire pour recueillir les réflexions désobligeantes par lesquelles chacun se détend d'un moment de contrainte ou se dédommage d'une récente platitude. Quel homme d'ailleurs pourrait impunément étendre de dix mètres le champ de son audition ?

À quoi attribuer cette opposition inconciliable entre les officiers d'état-major et ceux de troupe ? Ma compétence ne me permet pas de juger leurs griefs ni de décider de quel côté sont les torts ; mais au cours des nombreuses discussions que j'ai entendues sur cette matière, j'ai remarqué d'une part que l'institution même des états-majors n'était jamais critiquée et j'ai constaté par ailleurs que la personne du général semblait toujours hors de cause, tandis que le personnel des bureaux trouvait rarement grâce aux yeux des interlocuteurs. Ne serait-ce pas qu'aucun d'eux n'ambitionnait la place de général et que tous, au contraire, avaient des prétentions à celle d'officier d'état-major ?

Juvenet qui avait perdu son poste cessait par cela même d'être antipathique ; et même il lui resta de son passage au quartier général une auréole persistante ; longtemps après sa disgrâce, quand il commençait un récit : « Du temps que j'étais à l'état-major... » tous les regards se tournaient vers lui avec curiosité et considération.

Chapitre II

COMMENT JE DEVINS MITRAILLEUR

Si les tranchées sont des lieux d'expiation[1], celles de Vauquois méritaient d'être réservées aux grands criminels. La peine s'y purgeait par période de douze jours ; les condamnés vivaient parqués dans des cachots souterrains, profonds comme des oubliettes et si bas de plancher qu'il était impossible de s'y tenir debout. Ils appellent ces sortes de caveaux « galeries » et c'est de là sans doute que vient le mot « galériens ». Une soupe refroidie leur était distribuée une fois par jour et en guise de promenade hygiénique[2] chacun d'eux prenait la garde pendant deux heures.

Sous terre, ils marchaient pliés en deux et le front incliné vers le sol, pour ne pas se casser la tête contre les traverses ; en revanche, une fois dans la tranchée, on les voyait cheminer dans la position inverse, le haut du corps rejeté en arrière et les yeux constamment fixés vers le ciel. Ainsi un heureux équilibre de mouvements compensatoires maintenait l'élasticité de leurs muscles et la souplesse de leur échine.

Ce n'était pas d'ailleurs dans ce but que les guetteurs prenaient cette position incommode mais afin de mieux suivre les trajectoires des mines de tous calibres et de toutes formes qui montaient incessamment des tranchées adverses. Au prix d'une attention soutenue, servie par une agilité juvénile[3] et par un sang-froid imperturbable, les malheureux parvenaient à éviter les points de chute, se portant, selon le cas, d'un côté ou de l'autre… et parfois dans l'alternative de se faire tuer à droite pour éviter la mort à gauche.

---
1. Pénitence, punition.
2. De santé.
3. Propre à la jeunesse.

Les commentaires de Ferdinand

Aussi, est-ce avec soulagement qu'ils réintégraient leurs culs de basse-fosse[1], où cependant ils ne trouvaient pas la sécurité, car, s'ils échappaient dans ces retraites au danger qui planait sur leur tête, ils restaient exposés à un péril aussi redoutable qui rôdait sous leurs pieds ; chaque jour en effet la colline était ébranlée par des secousses qui menaçaient d'enterrer vifs les occupants dans leurs abris ou par des éruptions qui les envoyaient dans les airs en morceaux. C'étaient les mines et contremines des deux parties, aussi dangereuses les unes que les autres car le sous-sol était à ce point creusé et perforé dans tous les sens qu'on ne savait jamais au juste si l'on ferait sauter les amis ou les ennemis.

Toutefois dans la portion du secteur désignée sous le nom de Vauquois-Est la garnison jouissait d'un peu plus de tranquillité et c'est là heureusement que je repris contact avec la tranchée.

Mes débuts furent d'ailleurs singulièrement facilités par l'avantage que le général nous avait consenti de revenir dans le même corps où j'avais déjà servi. Dans un autre régiment, combien de temps ne m'aurait-il pas fallu pour me faire de nouveau apprécier et pour reconquérir ma popularité ? Au n°[2] d'infanterie je conservais au contraire le bénéfice de mon ancienneté et de mes états de service. J'arrivais, recommandé par le bon souvenir qu'on avait gardé de ma conduite et grandi par la légende qui s'était formée autour de mon nom. Car le régiment était divisé en deux camps à peu près égaux : les anciens, qui se vantaient d'avoir connu Ferdinand, et les nouveaux, qui avaient entendu bien souvent parler de lui. Les premiers avaient perpétué la tradition et contribuaient par leurs discours à entretenir ma mémoire ; les autres se demandaient jusqu'à quel point ils devaient ajouter foi à ces racontars

---

1. Cachots, oubliettes.
2. Énième, dont le numéro exact n'a pas d'importance.

et se montraient enclins à rejeter mes aventures dans le domaine du « bourrage de crâne » ; mais le consentement universel inquiétait leur scepticisme.

Quand le bruit se répandit que Juvenet était revenu avec son rat, tous les anciens voulurent me visiter ; ils prenaient plaisir à me reconnaître et à ressasser avec mon maître les souvenirs que ma présence leur suggérait. On me présentait triomphalement aux incrédules[1] et aux récalcitrants[2]. « Tu ne voulais pas le croire quand je te le disais ? Eh bien le voilà Ferdinand ! »

Et s'autorisant d'anciennes familiarités pour faire valoir l'empire[3] qu'ils s'attribuaient sur moi, ils m'offraient du bout des doigts les miettes de leur pain que j'acceptais de bonne grâce ; mais quand un nouveau s'enhardissait à les imiter je reculais farouchement. Non que ces derniers me fissent peur, mais j'exploitais ainsi le goût qu'ont les hommes d'être préférés, fût-ce par un rat. Si bien que les uns se sentirent flattés dans leur amour-propre et que les autres furent incités par jalousie à gagner ma confiance.

À ces démonstrations de sympathie particulières s'ajouta un hommage public auquel j'étais loin de m'attendre. Mon nom fut donné, par ordre du colonel, à une nouvelle tranchée qu'on venait de creuser, dans le réduit de Vauquois-Est. Aux deux extrémités et à chaque croisement le long de son parcours, les pionniers plantèrent des écriteaux avec cette inscription en grandes lettres majuscules : *Tranchée Ferdinand* ; honneur réservé jusque-là aux braves tombés dans la défense du secteur.

Cette récompense excessive ne me fit pas tourner la tête car je savais discerner la part d'humour qu'y voulait mettre le colonel et la part de

---

1. Sceptiques.
2. Entêtés, qui résistent.
3. Autorité.

Les commentaires de Ferdinand

cette courtoisie dont bénéficient les étrangers en matière de distinctions honorifiques. Néanmoins je pouvais être justement fier de cette marque de bienveillance qui consacrait mon entrée officielle dans l'histoire du régiment et Juvenet s'en montrait peut-être plus vain que moi. Devait-il guider un hôte ou un visiteur ? l'itinéraire choisi passait toujours par la tranchée Ferdinand. Lui seul se chargeait de son nettoyage et de son entretien et il n'eut de repos qu'après avoir vérifié sur les plans directeurs si elle y était correctement portée. Certes, ma tranchée disparaîtra un jour sur le terrain, nivelée par le temps ou par la charrue mais elle survivra, tracée en rouge sur les cartes au cinq millième conservées dans les archives.

Arrivé à ce comble de gloire et de notoriété[1], l'excès de ma fortune[2] ne me faisait pas oublier mes frères misérables dont j'avais retrouvé à Vauquois une foule grouillante et famélique[3].

Tandis que j'obtenais les témoignages de l'estime générale, ces malheureux étaient pourchassés avec une recrudescence[4] de haine et avec un acharnement impitoyable. Combien d'autres à ma place se seraient tenus à l'écart par crainte de se compromettre ou par souci de s'épargner un spectacle propre à troubler leur quiétude[5] ?

Je les fréquentais peu, il est vrai ; c'est que je me sentais maintenant comme un étranger parmi eux. Une existence trop différente de la leur m'avait irrémédiablement éloigné de leurs luttes et de leurs jeux. Je les trouvais grossiers, cruels et ennuyeux. Leurs femelles mêmes ne parvenaient pas à m'intéresser plus longtemps que ne l'exigent les lois de

---

1. Popularité, célébrité.
2. Chance.
3. Affamée.
4. Redoublement, augmentation.
5. Tranquillité.

l'espèce. Mais je considérais que ma situation privilégiée m'imposait le devoir de protéger mes parents pauvres : à combien d'entre eux n'ai-je pas sauvé la vie en leur dévoilant des pièges qu'ils ne soupçonnaient pas ?

Je dois reconnaître d'ailleurs à la décharge de leurs persécuteurs que les rats de Vauquois se conduisaient avec un sans-gêne et avec une impudence qu'on ne connaissait pas dans ma jeunesse.

Les jours passaient et mon maître ne semblait se préoccuper ni de mon logement ni de mon transport. Cette incurie[1] commençait à m'inquiéter, car la relève approchait et j'appréhendais de trotter encore pendant des kilomètres derrière les talons de Juvenet. Mais lui, avait déjà son idée : j'appris un matin qu'il posait sa candidature de mitrailleur ; c'était une solution élégante du problème qui me tourmentait. En effet, comme pourvoyeur[2], il serait doté de deux caisses réglementaires qu'il chargerait à l'épaule par le moyen d'une courroie, ce qui lui laisserait une main de libre pour porter une caisse de rabiot[3]. Cette troisième caisse serait aménagée à mon usage et l'un des côtés remplacé par un grillage à claire-voie. En marche mon poste se trouverait naturellement sur une voiturette de munition où mon maître viendrait me rendre visite à chaque pause. Tel était le plan ingénieux qu'il développa avec complaisance[4] dans l'intimité des abris ; mais l'exécution en était rendue malaisée par le grand nombre des compétitions pour une seule place disponible. Cependant, mon maître l'emporta sur d'autres plus qualifiés, grâce à des intelligences qu'il entretenait dans le bureau de la C.M.2.[5] […]

---

1. Négligence.
2. Soldat chargé de l'approvisionnement en munitions.
3. Supplémentaire.
4. Bonté.
5. Compagnie montée de la Légion étrangère.

Les commentaires de Ferdinand

Chapitre III

EN ATTENDANT LE BÂTON DE MARÉCHAL

Un mitrailleur comme Juvenet ne devait pas rester longtemps simple pourvoyeur. Son adresse, son coup d'œil, son calme lui valurent bientôt les fonctions de tireur, et dès qu'une place de chef de pièce fut vacante, l'empire qu'il avait pris sur ses camarades le désigna au choix éclairé de son capitaine. Ainsi, mon maître gravit, après trois ans de guerre, le premier échelon de la hiérarchie.

Humble grade !... diront certains, peu familiers des mœurs militaires. Oui, mais grande et redoutable fonction, la plus importante dans l'armée.

À tous les autres échelons, les gradés s'imaginent commander parce qu'ils transmettent des ordres !... Le caporal seul ne trouve pas d'intermédiaire sur qui se décharger de l'exécution ; seul il traduit en actes des paroles ou des écrits qui resteraient, sans lui, des sons inutiles ou des chiffons de papier. La vérité, c'est que les soldats n'obéissent jamais qu'à un caporal : c'est à sa voix qu'ils se lèvent, mangent, combattent, travaillent et se reposent. Tâche d'autant plus ardue que les hommes avec qui doit traiter directement le caporal ne sont responsables que de leur personne et que chacun d'eux garde sur son chef la supériorité de n'avoir pas de galon à perdre. Aussi, commander une corvée est-il plus malaisé que de faire sortir une vague d'une tranchée. [...]

Chapitre IV

LE CAKE

L'hiver 1916-1917 se passa pour nous sans autre incident que les relèves périodiques.

Des mines et des camouflets sautaient bien chaque matin, mais la tradition s'était peu à peu établie de n'y mettre le feu qu'entre 6 heures et 7 heures, moment critique pendant lequel chacun évacuait les abris.

Il n'y eut qu'une seule fois malentendu et nous exprimâmes de telle sorte notre mauvaise humeur que les Boches ne recommencèrent pas.

Je ferai donc grâce aux lecteurs des menus détails de notre vie. Qu'on me permette seulement, à titre exceptionnel, de rapporter un épisode qui marqua la Noël de l'année 1916.

*

À cette époque, l'escouade de Juvenet occupait la tranchée supérieure de Vauquois-Est. Notre domicile était composé surtout d'un escalier qui plongeait à 15 mètres sous terre. Le long de cet escalier s'étageaient des couchettes qui obstruaient la moitié du passage. C'était à la fois notre dortoir, notre salon et notre réfectoire[1]. Les occupants des dernières marches gagnaient en sécurité ce qu'ils perdaient en aération. Juvenet qui craignait la fétidité[2] de l'air s'était installé en haut et ma niche avait été glissée sous son lit. Une toile de tente fermait l'orifice de l'abri et nous défendait tant bien que mal de la gelée.

---
1. Salle à manger.
2. Puanteur.

Les commentaires de Ferdinand

*

Ce jour-là, ceux qui n'étaient pas de garde discutaient passionnément avec Juvenet sur la question de décider : si Noël tombait le soir même ou le lendemain. Une telle incertitude paraîtra peu vraisemblable à ceux qui n'ont jamais perdu le contact de la civilisation : il faut donc préciser que le séjour avait été mouvementé, que les journaux parvenaient irrégulièrement et que ni les repos, ni la soupe, ni les corvées n'étaient réglés sur le soleil, si bien qu'à force de dormir le jour et de travailler la nuit, la notion du temps s'était brouillée : bref les uns comptaient 9 et les autres 10 depuis notre montée en ligne.

L'affaire était d'importance car Juvenet avait reçu de sa femme un colis qui contenait un cake majestueux. C'était à la fois un chef-d'œuvre et un tour de force de Mme Juvenet ; elle expliquait dans une lettre quels obstacles elle avait dû vaincre pour se procurer le beurre, les œufs, la farine, le sucre et bien d'autres ingrédients aussi rares que coûteux.

Certes Juvenet pouvait entamer cette friandise sans se préoccuper du calendrier, mais il aurait trouvé de l'indélicatesse à se régaler autrement qu'au jour et à l'instant rituels. Il savait que sa femme, à l'heure du réveillon, se plairait dans l'imagination qu'il était en train de manger son cake et il eût cru manquer un rendez-vous si par un défaut de concordance dans l'estimation de la durée, la pensée de Mme Juvenet n'avait pu correspondre exactement à la réalité : dévorer ce cake comme un simple gâteau et par seule gourmandise, c'était donc le détourner de sa destination et commettre un véritable abus de confiance.

Heureusement que le doute sur le quantième[1] pût être dissipé par un sapeur[2] qui marquait tous les soirs d'une encoche sur un manche

---
1. Jour du mois.
2. Soldat affecté aux travaux de sape, de mine.

de pelle, chaque jour tiré : Noël tombait bien la nuit prochaine. Il fut donc résolu qu'on mangerait le cake au retour du travail, c'est-à-dire vers 1 heure du matin. Du vin, de l'eau-de-vie et de la confiture furent épargnés sur le dîner et mis en réserve pour accompagner dignement un si friand morceau.

*

Imprudent Juvenet ! comment put-il oublier que rien n'est sacré aux rongeurs que nous sommes ! Lui qui pour la conservation de ses biscuits poussait le soin jusqu'à faire usage d'une boîte à masque en guise de garde-manger, je le vis abandonner son précieux cake sur une tablette de l'abri sans autre protection qu'un frêle et mince papier !

À peine avait-il tourné le premier pare-éclats, que j'entendais déjà dans toutes les directions de légers éboulis de terre, d'imperceptibles trottinements, des frôlements derrière les coffrages : c'étaient les rats mes frères qui, attirés par l'odeur, convergeaient en masse vers un même centre sans avoir besoin pour cela d'azimut[1] ni de boussoles lumineuses.

Que faire devant cette marée d'appétits et de convoitises ? Résister par la force ? c'eût été de la folie. S'adresser à la raison et au cœur des assaillants ? ventre affamé n'a pas d'oreilles. Je ne pouvais pourtant me résigner à demeurer le témoin passif et impuissant de cette curée. Mon affection pour mon maître m'inspira une ruse ingénieuse ; ma niche n'était jamais fermée ; je bondis au milieu de la cohue et j'arrivai le premier sur le cake. Mais à peine eus-je fait mine d'y goûter que je tombai comme foudroyé. Puis après quelques convulsions je restai immobile, roide et silencieux.

---

1. Angle calculé pour se diriger.

Les commentaires de Ferdinand

Ceux du premier rang s'écartèrent, épouvantés, devant cette preuve manifeste que le gâteau était empoisonné, et je m'applaudissais déjà du succès de ma pantomime ; mais la presse était si forte que les derniers arrivés, ignorant la cause de ce recul, passèrent par-dessus le corps des hésitants. J'étais toujours couché, le ventre en l'air, pour la vraisemblance, et dans l'impossibilité de recommencer ma démonstration sans risquer de lui ôter toute sa valeur.

Hélas ! le plus glouton commençait déjà le forage d'une niche individuelle dans la base du gâteau et loin d'en éprouver aucun mal semblait devoir mettre le cake lui-même en péril. Une aussi rassurante contre-épreuve donna du cœur aux autres et tous se ruèrent à la fois sur la proie convoitée. Un grand débat s'élevait en moi : en face du fait accompli et devant la destruction inévitable, devais-je pousser la délicatesse jusqu'à me refuser le moindre profit du désastre ? L'honneur exigeait-il que j'abandonne ma part aux brigands ? Je dis ma « part » car j'étais invité de droit par Juvenet qui me réservait toujours une copieuse ration de chaque friandise. Était-il juste que le seul convive légitime s'abstînt par scrupule et augmentât ainsi le butin des pillards sous prétexte de ne pas tremper dans leur crime ? Non je ne compris pas ainsi mon devoir ! Je me jetai au contraire férocement sur les restes du cake et je fis en sorte d'en arracher à la voracité de ces intrus tout ce que mon ventre en pouvait mettre à l'abri. Je crois même qu'outre ma part je sauvai celle de Juvenet.

*

Quand, à la rentrée du travail, Juvenet visita le lieu de la catastrophe, il douta un moment du témoignage de ses yeux. Seules quelques miettes subsistaient parmi les débris du papier à demi rongé, telles des épaves sur la mer demeurent les derniers vestiges d'un naufrage. Juvenet comprit sa faute et après avoir anathématisé[1] les coupables en les assimilant à des espèces biologiques très éloignées à première vue de la nôtre, il s'accusa lui-même en des termes encore plus vifs tirés cette fois de la physiologie humaine.

Mais les plus violents furent les invités qui s'étaient promis un régal aux dépens de mon maître et qui ne cachèrent pas leur dépit d'en être privés. Ils accablèrent Juvenet de conseils « pour une autre fois ». Ce qui me déplut surtout, fut l'affectation[2] qu'ils mirent à me confondre avec les voleurs. Un perfide, s'écria même : « C'est Ferdinand qui aura invité ses copains ! » Propos absurde et malveillant qui tendait à m'aliéner[3] la confiance de mon maître. Mais lui, bien loin de me montrer de l'humeur, ramassa dans le creux de sa main les derniers débris et me les présenta à manger, largesse à laquelle je m'efforçai de faire honneur, par courtoisie, bien que ma panse fut déjà pleine à éclater.

Avant de se coucher Juvenet écrivit une lettre à sa femme, car le courrier partait avec la corvée de jus : « Ma chère femme, j'ai bien reçu ton gâteau. Nous sommes en train de le déguster et jamais, je puis le dire, tu n'as si bien réussi… ».

*

Tout reposait, maintenant, dans l'escalier souterrain. Moi seul je ne dormais pas. Une émotion secrète m'agitait, inquiétude qui provenait peut-être d'une digestion difficile mais aussi d'un trouble de conscience. Les railleurs disaient vrais : j'étais malgré tout solidaire de ma race et

---

1. Maudit.
2. Manière d'agir qui manque de naturel.
3. Retirer, faire perdre.

Les commentaires de Ferdinand

je me sentais en quelque sorte responsable du crime que je n'avais pas commis : j'avais honte d'être un rat.

Et pourtant qu'avaient fait de pire mes congénères que de pratiquer les mêmes errements[1] que j'avais suivis en vingt occasions sans croire pour cela charger ma conscience, d'après l'adage : « Ce qui tombe dans le fossé est pour le soldat et ce que le soldat y abandonne appartient au rat. » Mais nous condamnons les actions des autres, dès qu'elles heurtent nos inclinations et selon le préjudice[2] qu'elles peuvent nous causer.

En tout cas, à l'égard de mon maître, une obligation s'imposait : je lui devais une compensation. Et par seul amour-propre je n'aurais pas été fâché de prendre ma revanche en lui montrant qu'un rat pouvait être bon à quelque chose.

Des chants lointains et religieux me tirèrent de ma rêverie. C'était un chœur de soldats allemands qui célébraient Noël dans les tranchées en face. La pensée me vint aussitôt qu'eux aussi ne devaient pas fêter cette solennité seulement par des hymnes. Leurs chères épouses n'avaient pas dû oublier l'envoi des pâtisseries traditionnelles. Indemniser Juvenet aux dépens des boches m'apparut à la fois une bonne action et une action d'éclat.

Un coup de main, même sans préparation d'artillerie, n'était pas pour me faire reculer. Si la plupart d'entre nous s'abstenaient de passer les lignes ce n'était pas couardise[3] de notre part, mais plutôt goût du foyer, puissance de l'habitude, scrupule patriotique et surtout certitude de ne pas rencontrer grande abondance de détritus chez des gens qui font profession de recueillir tous les déchets pour en tirer des sous-produits.

---

1. Agissements.
2. Tort.
3. Lâcheté, peur.

*

L'exécution de mon dessein ne fut pas aussi facile que je pensais. J'avais oublié qu'en traversant les réseaux je vieillissais de 40 minutes. L'heure centrale avait réglé le réveillon des Boches, si bien que tout était dévoré depuis longtemps quand j'arrivai. N'ayant plus rien à boire ni à manger, les hommes, encore qu'inassouvis, manifestaient une joie mystique et intestinale. Après de longues recherches, je finis pourtant par découvrir dans un abri isolé où ronflait quelque feldwebel[1], une terrine de foie gras de marque française (ce qui sur le moment me donna des inquiétudes à l'égard de l'efficacité du Blocus[2]). Il me fallut des efforts inouïs, dignes d'un surrat[3] pour traîner cette terrine dans notre tranchée. Par bonheur le couvercle était fixé par un cordon noué solidement et dont les extrémités que je pris entre les dents m'offrirent pour le transport un utile point de traction.

À mon retour je trouvai que Juvenet avait quitté ses souliers pour dormir. Dans l'un d'eux je déposai mon fardeau et satisfait de mon expédition je guettai impatiemment son réveil pour jouir de sa surprise et de son étonnement.

*

L'instant que j'attendais arriva avec le jus. Mon maître s'étira, alluma la camoufle et chercha ses brodequins. Mais la découverte de la terrine ne produisit pas l'effet d'ahurissement que je m'étais promis. Il la ten-

---

1. Sergent allemand.
2. Mesures prises pour interrompre l'approvisionnement d'un pays, comme le blocus de l'Allemagne par la marine anglaise dès 1914.
3. Néologisme créé par analogie au surhomme.

Les commentaires de Ferdinand

dit joyeusement à bout de bras en criant : « Tenez les gars v'la le petit Noël de Poincaré. » Sa première pensée avait été que le gouvernement distribuait une terrine de foie gras par escouade, au même titre que les oranges, les cigares et le champagne du jour de l'an. La bonne nouvelle se répandit aussitôt mais ne fut pas confirmée : aucune autre escouade n'avait été favorisée d'un pareil supplément de distribution.

Chacun restait perplexe et stupide devant cette terrine de provenance inexplicable quand mon ancien ennemi Hugon*, celui que mon maître avait autrefois si bien étrillé[1], s'approcha doucereux[2] et patelin[3] ; (il était rentré au bataillon depuis peu et Juvenet lui gardait rancune d'avoir osé jadis porter la main sur moi).

« Caporal, dit Hugon, c'est moi qui ai reçu cette terrine dans un colis ; j'ai voulu vous faire une surprise et signer la paix avec vous. »

Mon maître, bon enfant, lui tendit la main, jura que tout était oublié et le pria de prendre place parmi les convives. C'était tout ce que l'autre demandait : son goût pour le foie gras lui avait inspiré cette démarche qui lui assurait le double avantage de se régler à mes frais et de circonvenir[4] Juvenet par une prétendue générosité. Sans doute croyait-il à une erreur de mon maître et que son colis imparfaitement visité la veille recelait outre le cake une terrine.

Je voyais cet imposteur caressé, remercié, adulé ! Certes je ne prétendais pas que mon maître connut jamais à qui il était redevable de sa trouvaille, mais j'espérais du moins que personne ne viendrait se substituer à moi dans sa gratitude et frémissant d'indignation, je tour-

---

1. Maltraité.
* Cf. *Mémoires d'un rat*.
2. Mielleux.
3. Faussement flatteur.
4. Amadouer, embobiner.

nai le dos pour ne pas voir Hugon faire les honneurs de son présent et dénouer lui-même avec solennité les liens qui retenaient le couvercle. Mais quand la terrine fut ouverte un cri de stupéfaction générale me fit retourner par curiosité.

– Ça n'est pas du foie gras, c'est du caviar, déclara Hugon après y avoir goûté avec le doigt. Juvenet qui voulut l'imiter fut obligé de cracher immédiatement et diagnostiqua sans hésitation : « Ça n'est pas du caviar c'est de la graisse à chaussure ».

Le fait est que je n'avais pas eu la patte heureuse. Il y avait belle lurette que cette terrine avait été vidée et transformée en boîte à cirage ! J'étais désolé de ma méprise mais fort réjoui par la déconvenue de Hugon.

Ma vengeance fut complète. On ne lui pardonna pas ce que chacun pensa être une mystification. Tous se ruèrent sur lui et, tandis que deux gaillards le tenaient immobile, Juvenet lui frotta le visage abondamment avec le produit que j'avais importé, opération qui transforma le patient en un Sénégalais du meilleur teint. Si bien qu'une corvée, qui le rencontra comme il s'enfuyait, rapporta le tuyau qu'on allait être relevé par les noirs « à preuve qu'ils avaient croisé un nègre en reconnaissance ».

Par de multiples savonnages Hugon parvint à se blanchir la figure mais sa réputation resta noircie. Bien plus, il fut soupçonné par la suite d'avoir mangé le cake à lui seul. Mais il préféra toujours passer pour un voleur et un mauvais plaisant plutôt que d'avouer qu'il avait menti. Et rien ne démontre mieux l'estime où les méchants eux-mêmes tiennent la vérité.

Les commentaires de Ferdinand

TROISIÈME PARTIE

Chapitre premier

LA VEILLÉE DES ARMES

Tandis que Juvenet ne songeait qu'à s'installer le plus confortablement possible dans la guerre, le Haut Commandement ne perdait pas l'espoir de la terminer bientôt par une bataille décisive. À cet effet, les meilleures troupes furent retirées des tranchées pour constituer à l'arrière deux masses de réserve : l'une de choc, l'autre de poursuite. Celle-ci était chargée de l'enfoncement des lignes, et celle-là de l'exploitation du succès. [...]

*

Le ciel toujours bleu favorisait nos évolutions et la terre commençait à prendre sa parure[1] de printemps ; mais nos yeux avaient contracté l'habitude d'une vision exclusivement militaire. Les bois n'étaient plus pour nous de l'ombre fraîche et des chants d'oiseaux mais des couverts dangereux ou bien un défilement favorable ou bien un labyrinthe dont la traversée exigeait l'emploi de la boussole. Les collines s'appelaient des crêtes, les sommets des cotes et les ravins des cheminements. Quant aux clochers épars dans la plaine ou qui pointaient derrière les coteaux, c'étaient pour nous autant de gros jalons de repérage. On ne disait pas : « *Quel beau point de vue !* » mais « *Quel bon observatoire !* » ni « *Quels beaux champs de blé !...* » mais « *Quel beau champ de tir !...* »

---

1. Ornement, atours.

À force de comparer le terrain avec la carte, l'un se confondit avec l'autre et les détails du paysage n'éveillèrent plus en nous que les signes topographiques qui les représentaient sur le papier.

Les bourgs et villages se distinguaient en trois catégories : ceux qu'on traversait au pas de route, ceux que le général jugeait dignes du pas cadencé et enfin ceux à qui nous faisions l'honneur d'un défilé en musique. Ces derniers étaient nombreux car toutes les occasions semblaient bonnes pour exalter[1] le moral et cultiver la cocarde [2]. Rien de commun d'ailleurs avec l'ancienne parade où l'on passait, la tête directe, devant un chef qu'on ne pouvait lorgner[3] que du coin de l'œil. La cérémonie se déroulait maintenant selon un rite nouveau.

Au commandement de « Tête... Gauche !... » (ou droite) toutes les têtes de la section se tournaient à la fois du côté du Général, six pas avant d'arriver à sa hauteur. C'était un mouvement de l'âme plutôt qu'une salutation du corps. La crânerie et la bonne volonté remplaçaient la précision mécanique du maniement d'arme. Les yeux des soldats se croisaient au passage avec ceux du Général : le régiment cessait d'être une masse aveugle hérissée de baïonnettes, car un peu de son cœur se révélait dans l'éclair du regard.

C'était une étreinte rapide, une entente muette, l'acceptation d'un rendez-vous d'honneur. Les yeux disaient : « *Nous serons là !* »

En attendant, nous profitions de notre reste. Jamais le régiment n'avait été à pareille fête !...

Des équipes en maillots bicolores jouaient au ballon dans les prairies ; les cuivres sonnaient sur les places des fanfares joyeuses ou des

---

1. Exciter, ranimer.
2. Encourager l'enthousiasme patriotique.
3. Regarder de côté.

Les commentaires de Ferdinand

hymnes guerriers ; le soir, des retraites aux flambeaux parcouraient les rues grouillantes de civils et, tard dans la nuit, des couples tournaient aux sons des gramophones clandestins. Car c'en était fini des villages en ruines et des campagnes désertées. Rien ne nous rappelait plus les dévastations de la guerre ; nous avions oublié même qu'il put exister des caves sans pinard et des cantonnements sans amour !...

Chapitre II

LES DÉLICES DE CAPOUE

Le sourire des femmes grisa Juvenet plus dangereusement que les fumées du vin auxquelles il était mieux habitué. Peut-être aurais-je dû taire cet aveu et jeter un voile sur cette période troublée de sa carrière. Le respect que je dois à mon maître et l'affection que je lui porte m'auraient imposé silence si j'avais cru que cette révélation le put tant soit peu diminuer dans l'estime des honnêtes gens.

Mais, je sais qu'une vertu toujours soutenue intéresse moins que les faiblesses d'un cœur trop sensible : il ne déplaît pas dans un héros de découvrir la fragilité d'un homme. Les plus sévères ne tiendront pas rigueur à un soldat, que les projectiles modernes n'avaient pu ébranler, d'avoir succombé sous les flèches surannées[1] de l'amour ; et je craindrais même de faire tort à Juvenet dans l'esprit d'un grand nombre de lecteurs si je dissimulais maladroitement ses conquêtes les plus flatteuses. Seule, madame Juvenet pourrait ne pas être de cet avis. Mais, est-il besoin de préciser que je n'ai pas commis l'indiscrétion d'appeler mon maître par son véritable nom ?

Il faut convenir que les circonstances et l'entourage favorisèrent l'infidélité de Juvenet et que, s'il se laissa un moment dévoyer[2], il eut l'excuse de l'inexpérience et de la surprise. J'ai été le témoin de sa constance prolongée avant d'être celui de sa trahison et je puis déposer en sa faveur que, jusqu'à cette époque, la tentation même ne lui vint pas de penser à une autre femme que la sienne. […]

---

1. Démodées.
2. Pervertir, détourner du droit chemin.

Les commentaires de Ferdinand

Ce n'est pas précisément que le courage et l'héroïsme excitent l'intérêt des femmes, mais c'est un grand surcroît de séduction chez un amant que de faire figure de héros ; encore faut-il que le héros puisse faire figure d'amant.

Tant qu'il resta dans le rang, Juvenet s'en reconnut incapable. Sa capote[1], trop large à l'encolure, trop étroite aux entournures[2], le mauvais état de son linge et de sa garde-robe, la coupe réglementaire de ses cheveux lui enlevaient toute prétention à plaire. D'ailleurs, la fatigue du service et la fréquence des appels ne lui en laissaient guère le loisir ni l'envie. Ses seuls plaisirs étaient de boire, de manger, de dormir, joies simples mais auxquelles les privations et la lassitude donnaient une saveur toujours nouvelle et dont l'usage ou l'abus ne dépendait que de lui et de sa bourse.

L'origine du changement qui se fit dans son caractère date du jour où la décision du corps enregistra au paragraphe « avancement » la nomination du Caporal Juvenet au grade de Sergent. Le soir même, il arrosa ses galons avec ses nouveaux collègues et cette cérémonie marqua la fin de son obscur labeur en même temps que son entrée dans une sphère plus brillante.

J'assistai, émerveillé, à la métamorphose de la nymphe[3] en papillon. Le tailleur lui recoupa la meilleure vareuse et la meilleure culotte du magasin. Mon maître compléta la transformation par l'achat d'un képi fantaisie et d'une paire de leggings[4] en box-calf[5]. Mais ce qui constituait à ses yeux le principal ornement de sa tenue, c'était le faux col blanc qui

---

1. Manteau militaire.
2. En haut de la manche.
3. Insecte qui était chenille et va devenir papillon.
4. Jambières en toile.
5. Cuir de veau tanné.

avait remplacé autour de son cou la cravate bleue nouée à l'ordonnance. Ajoutez à cela que le prestige du grade donnait à son port[1] l'assurance et la hardiesse qui lui avaient manqué jusqu'alors : il se mouvait mainte-
50 nant avec une sûreté de soi qui attirait les regards et forçait l'attention. […]

Un autre indice que je relevai du progrès de sa dépravation[2] fut l'escamotage[3] de son alliance. Il avait remarqué que ce bijou lui faisait du tort auprès du beau sexe, soit que les filles veuillent se donner l'ex-
55 cuse d'un mariage possible ou que les femmes prétendent à se montrer respectueuses des droits acquis. Mais son doigt gardait le stigmate indélébile de l'ancienne promesse et il fut obligé d'acheter une chevalière d'aluminium pour dissimuler le cercle blanc qu'avait lentement gravé l'anneau conjugal.
60 Quelqu'un lui demanda un jour à qui il voulait plaire. « À aucune » répondit-il. Ce qui signifiait : « À toutes ». […]

---

1. Allure, démarche.
2. Débauche, immoralité.
3. Disparition discrète.

Les commentaires de Ferdinand

Chapitre III

LA FAUTE DE JUVENET

Tout faisait pressentir qu'une crise était proche. Marie-Louise n'en fut que l'occasion.

Marie-Louise avait les yeux bleus, non pas des yeux métalliques aux clartés d'acier, ni des yeux tranquilles et transparents de Madone, mais des yeux embués comme des étangs par le brouillard du matin.

Un petit tablier protégeait son humble robe, mais il y avait de l'élégance dans sa chaussure et de la coquetterie dans l'arrangement de ses cheveux.

Je n'assistais pas à sa première rencontre avec Juvenet. Celui-ci avait devancé la colonne pour collaborer aux opérations du cantonnement tandis que je suivais la queue du régiment sur ma voiturette. Quand nous entrâmes à la popote, Juvenet et Marie-Louise, déjà bons amis, mettaient le couvert sous l'œil indulgent d'une vieille grand-mère. Tout de suite, les nouveaux arrivants furent conquis par l'accueil simple et désinvolte de la jeune fille. Loin de se récrier comme tant d'autres à mon aspect, elle trouva fort original le goût que mon maître affichait pour moi. […]

Autour de la maîtresse de maison c'était un empressement continuel de sourires galants et une émulation jalouse pour lui plaire ou pour attirer son attention. Seul Juvenet semblait avoir abandonné la partie, soit que le nombre des rivaux le décourageât, soit qu'il fut mis sur la défensive par un obscur pressentiment. Mais ce refus de se mettre en avant et cette prétention à l'indifférence, loin de détourner de sa personne l'intérêt de Marie-Louise attira sur lui au contraire son dévolu[1].

---

1. Choix.

L'impassibilité[1] de mon maître piqua d'honneur sans doute notre hôtesse ou peut-être fut-elle séduite par la gloire de réduire un récalcitrant ; car Juvenet était d'autant plus coupable à ses yeux qu'il s'était montré fort empressé au début, si bien que son abstention actuelle ressemblait à un abandon public.

« Vous ne mangez pas, M. Ferdinand » s'écria-t-elle tout d'un coup, et elle lui remplit son assiette. Une contestation s'en suivit sur le degré d'appétit de mon maître et, le contact ainsi rétabli, elle prit soin de ne plus le laisser se rompre. Sa qualité de Parisien donnait à Juvenet, sur les autres convives, l'avantage de pouvoir parler avec Marie-Louise du quartier de la Pépinière qu'elle était fière d'avoir habité et du concert du même nom dont elle vantait complaisamment les mérites. Tous deux se renvoyaient des noms de rues et d'artistes dont la connaissance, commune à eux seuls, semblait les isoler de la compagnie et suffisait à établir entre eux une sorte de complicité. […]

Quand il fallut se séparer, Marie-Louise demanda à Juvenet comment il était couché.

« Sur la paille » répondit-il sans hésiter. Aussitôt elle offrit de dresser un lit dans la cuisine et de fournir des draps. Juvenet accepta avec reconnaissance et se montra dès lors complètement apprivoisé.

Tandis que les autres prenaient congé, il l'aida à débarrasser la table et à organiser le lit. Puis la grand-mère apporta les draps et, avant de se retirer, lui souhaita naïvement une bonne nuit. Alors Juvenet, oubliant ma présence, se pencha sur Marie-Louise et l'embrassa dans le cou, déclaration à laquelle elle répondit par l'offre de ses lèvres. Et moi, ne voulant pas être témoin de cette scène, je tournai pudiquement le dos. Mais il est difficile pour un rat de se boucher les oreilles.

---

1. Sang-froid.

Les commentaires de Ferdinand

Chapitre IV

L'IDYLLE[1]

Je m'attendais, le lendemain, à ce que Juvenet se vantât plus ou moins discrètement de sa bonne fortune. Mais, loin d'avouer son succès, il ne se montra même pas galant homme ; je veux dire qu'il ne compromit pas sa maîtresse par la gaucherie[2] de sa défense ni par le ton ambigu de ses dénégations. Hélas, sa conduite et ses paroles réussirent trop bien à détourner de lui tout soupçon de conquête : l'opinion publique le crut inapte à l'amour. Et cette obstination à se laisser prendre pour un eunuque ou pour un niais plutôt que de galvauder son bonheur, me révéla le progrès et la gravité de son mal.

Ne pouvant confier son secret à personne, c'est à moi qu'il ouvrit son cœur, assuré de n'être ni conseillé ni trahi par un ami de ma sorte, et soulagé quand même par ce simulacre[3] de confidence du fardeau qui l'oppressait.

« Je sais bien, me disait-il, que je me conduis comme un collégien et comme un salaud. Cette aventure n'est plus de mon âge. Mais c'est précisément pour cela que je m'y complais. Si j'étais un rat comme toi, Ferdinand, je serais sans doute moins sot et je me soumettrais sans révolte à une continence qui ne cessait, hélas, de me tourmenter. Mais les hommes craignent moins les brûlures de l'amour que l'apaisement définitif de ses feux et leurs désirs semblent croître quand leurs besoins diminuent. […]

« La guerre est venue ; j'ai été emporté dans la tourmente et d'abord j'ai vécu, les yeux tournés vers le passé, attendant chaque jour le retour

---

1. Amourette, liaison.
2. Maladresse.
3. Semblant.

des anciennes habitudes. Ma barbe inculte, ma tenue négligée disaient assez mon indifférence. L'insécurité du lendemain, loin de m'exciter à jouir du moment, me portait au dégoût du plaisir. Il faut se sentir bien faible devant la mort pour chercher à s'étourdir, ou demeurer bien inconscient pour ne pas éprouver la vanité de tout effort.

« Mais l'habitude et l'accoutumance ont fini par engourdir en moi cette conscience du néant ; l'espoir de revenir s'est enraciné dans mon cœur ; et j'ai connu alors seulement l'impatience du temps perdu et la rancœur des années que la guerre m'aura volées. Oui, volées !… Mes jours consumés dans la solitude des cantonnements ou dans le désert des tranchées sont les plus précieux de ma vie, les derniers de ma jeunesse et je ne les retrouverai jamais plus.

« Or, voilà que le prestige guerrier et le mirage de l'uniforme m'ont mis à même de réaliser le rêve de séduction que poursuivent secrètement tous les hommes. Mon képi fantaisie et mes brisques d'or ont touché le cœur de Marie-Louise. Comment aurais-je résisté au vertige de cette suprême idylle ?… Je l'aime parce que, peut-être, c'est la dernière amante, je l'aime par reconnaissance d'avoir pu lui plaire, je l'aime enfin pour la joie de lui entendre dire : "Je t'aime !" »

Que répondre à de pareilles folies ?…

J'aurais pu cependant lui dire qu'il était absurde de placer le bonheur où il le mettait ; que moi-même, j'avais éprouvé dans ma jeunesse l'inconstance et le vide des passions et que j'avais trouvé enfin la véritable paix du cœur dans la solide amitié qui nous unissait l'un à l'autre.

Mais, je dus me contenter de garder un mutisme désapprobateur, faute de pouvoir me faire entendre autrement. Peut-être prit-il au contraire mon silence pour un acquiescement, car il continua par la suite de me prendre pour confesseur.

Les commentaires de Ferdinand

Au fond, ces plaidoyers qu'il se récitait à lui-même étaient l'indice du trouble de sa conscience. Il en cherchait l'apaisement dans la conviction que sa faute lui avait donné le bonheur et que ce bonheur coupable lui était bien dû. C'était, à ses yeux, une indemnité exigée par la justice, une récompense légitimée par l'opinion, une dette contractée par le pays. Marie-Louise elle-même n'avait-elle pas obéi à l'obscur sentiment d'un devoir à remplir et d'une mission à entreprendre ?

Plut à Dieu que cette fantaisie n'eut été que le délassement d'un guerrier !... Mais quand le régiment dut quitter la région pour participer aux batailles imminentes, mon maître parut garder de Marie-Louise un souvenir trop vif pour un caprice de passage. Une correspondance s'établit entre eux et lorsque, après l'échec de l'armée de choc, Juvenet monta en ligne, sur le Chemin des Dames, il confia au sergent-major un coffret hermétiquement fermé et une enveloppe qui contenait des instructions à suivre en cas de malheur. Moi seul connaissais le contenu du coffret : des lettres parfumées, des portraits peu ressemblants, un bouquet fané et une mignonne jarretière[1].

La mode gracieuse étant venue de baptiser les abris avec des noms de femme, mon maître cloua à l'entrée de son modeste P.C. une planchette avec cette inscription : *Villa Marie-Louise*. C'était un trou nauséabond recouvert de tôle et de sacs à terre. Mais je ne doute pas que la marraine ait été singulièrement flattée de donner son nom à cette glorieuse tanière.

Cependant, l'éloignement de la maîtresse devait laisser plus de force au fantôme de l'épouse outragée, car le mari volage se mit à ciseler une boîte à poudre aux initiales de sa femme, espérant ainsi atténuer, par l'occupation de ses doigts, la culpabilité de ses pensées.

---

1. Cordon servant à tenir les bas des femmes.

Vains efforts !... À chaque lettre qu'il recevait de Billancourt, je voyais croître sa gêne et son embarras. Il décachetait l'enveloppe comme il aurait ouvert, au retour d'une bordée[1], la porte conjugale. Ces dispositions étaient surtout sensibles après un « coup de chien[2] » car, au milieu du danger, il se rendait compte sans doute que sa dernière pensée ne serait pas pour Marie-Louise.

---

1. Sortie, partie de plaisir (argot).
2. Dur combat (argot).

Les commentaires de Ferdinand

Chapitre V

LE SUICIDE DE JUVENET

Les lettres qu'on reçoit en campagne manquent généralement d'à-propos. Les correspondants n'arrivent pas à suivre l'actualité. Ils se réjouissent de vous savoir au repos quand le bataillon se trouve en plein *tam-tam* ou s'inquiètent de la chaleur quand vous grelottez sous la pluie. Mais les plus tragiques méprises sont les lettres qu'on écrit aux morts.

Elles arrivent, ces lettres pleines de tendresse ou d'amitié, un soir de bataille avec le ravitaillement, et les noms qu'elles portent ne sont déjà plus que des rubriques d'état civil. Le gradé chargé de la distribution les appelle quand même, emporté par l'automatisme de sa besogne, mais sa voix baisse aussitôt jusqu'à devenir un chuchotement inintelligible ; rien de plus poignant que les quelques secondes de silence qui succèdent ; c'est la confrontation de ceux qui savent le malheur avec ceux qui l'ignorent encore. Un comptable inscrit alors sur l'enveloppe la formule hypocrite et redoutée : « Le destinataire n'a pu être atteint. »

Ce soir-là, comme Juvenet assistait au tri des correspondances, le nom de Jacques Berthet le fit tressaillir. C'était un jeune tireur de la classe 16 ; le préféré de mon maître. Il avait été tué sur sa pièce, le matin même, en repoussant une attaque ennemie et cette mort nous avait profondément affligés.

Deux enveloppes portaient l'adresse du disparu. Juvenet les prit et les considéra avec émotion. L'une portait le timbre de Villefranche et venait certainement de la famille, mais l'examen de l'autre provoqua chez lui un trouble et une agitation dont la cause ne put m'échapper.

La lettre que tournait et retournait mon maître dans ses doigts tremblants, ressemblait en effet à s'y méprendre à une autre lettre qu'il venait de recevoir : provenance, format, papier identiques ; même écriture et mêmes émanations d'un parfum que je connaissais bien. À n'en pas douter, c'était une lettre de Marie-Louise. Seule, l'adresse différait.

Juvenet comparait avidement les deux enveloppes jumelles, travaillé
30 par la tentation d'une curiosité sacrilège. Cependant, comme on pouvait l'observer, il n'ouvrit ni l'une ni l'autre et les glissa toutes deux sous son oreiller de feuilles sèches, résolu d'attendre, pour passer outre, que tout le monde fût endormi. Même pour obtenir plus rapidement ce résultat, il souffla la camoufle[1] sous prétexte que l'allocation de lumière
35 allait diminuer. Peut-être voulait-il aussi cacher, dans les ténèbres, le bouleversement de ses traits, mais les grincements de sa couchette trahissaient les mouvements de son cœur.

Tout en plaignant sa disgrâce, je souhaitais que cette crise lui fût salutaire ; et je ne bornai pas mon intervention à des vœux stériles. À
40 tort ou à raison, il me parut une bonne œuvre de mettre Juvenet dans l'impossibilité de vérifier ses soupçons. N'était-il pas à craindre qu'une image trop précise de la réalité n'allumât sa jalousie au lieu d'éteindre sa passion ?... L'avertissement me semblait suffisant pour lui donner un prétexte à rompre, sans ôter à son amour-propre le bénéfice du doute.
45 C'est pourquoi profitant d'un moment de prostration, je lui dérobai la lettre fatale et je la transformai en charpie avec mes dents.

Quand Juvenet ralluma sa bougie pour commencer son enquête, il ne trouva plus que sa propre lettre et la poussière de l'autre. Je ne sais s'il ne soupçonna pas le coupable, mais il accepta le fait accompli comme
50 un jugement du ciel.

« Pauvre vieux Berthet, murmura-t-il, il a bien fait d'en profiter ! » Et il ajouta avec un sourire effrayant : « Moi aussi, il faut que je dispa-

---

1. Bougie.

raisse. » L'angoisse seule m'empêcha de crier quand je le vis se lever avec précaution et fouiller dans son équipement. Mais il tira seulement de sa cartouchière un stylographe. Je respirai : tant qu'on écrit ses dernières volontés, il y a encore de l'espoir que ce ne seront pas les dernières.

Juvenet ne composa pas son testament. Ayant pris, sans la décacheter, la lettre de Marie-Louise, il se contenta d'inscrire au verso, en gros caractères : *Le destinataire n'a pu être atteint*. Puis, il glissa l'enveloppe dans le paquet des correspondances à retourner.

« Je ne voudrais pas qu'elle me pleure, dit-il encore avec modestie, mais un petit souvenir dans un coin de son cœur me ferait plaisir. » Ce fut le dernier sursaut du vieil homme. Le lendemain, je constatai avec satisfaction que l'écriteau de la *Villa Marie-Louise* avait disparu. Il fut remplacé le soir même par un autre sur lequel on lisait : *Villa Joséphine*. Certes, le nouveau prénom ne valait pas l'ancien, à mon goût, mais c'était celui d'une bonne et digne femme à qui cette réparation était bien due ; et la grosse pipe de Juvenet lançait de joyeux flocons de fumée pour célébrer à sa façon le triomphe de sa marraine.

QUATRIÈME PARTIE

Chapitre premier

J – 4

[…] N'attendez pas de moi que je vous conte par le menu la bataille de la Malmaison, ni que je vous en trace un tableau d'ensemble. Je dirai ce que j'ai vu du petit coin où j'étais. Mais ce petit coin se trouva situé à dix pieds sous terre, au fond d'une sape ; poste honorable puisqu'il m'avait été imposé par Juvenet, mon seul supérieur hiérarchique, mais observatoire défectueux et qui restreignit singulièrement le champ de ma curiosité.

Par compensation, cette sape qui servait d'atelier de réparation aux armuriers et de refuge au reste de la compagnie faisait office par surcroît de poste de commandement, ce qui me permit pour la première fois de vivre en intimité avec les officiers. Le soir, après le pointage des pièces, un seul d'entre eux prenait le quart. Les autres gibernaient[1] en fumant, ou somnolaient sur leurs sièges ; car il fallait avoir trop sommeil pour dormir dans le bruit des marteaux, parmi le va-et-vient des relèves semi-horaires, au milieu des jurons et des apostrophes des chefs d'équipe. Et pourtant le sol et les escaliers étaient entièrement recouverts par une mosaïque de dormeurs, si serrés et si enchevêtrés qu'on marchait délibérément dessus pour entrer ou sortir, mais sans danger de les réveiller, tellement la fatigue les avait pétrifiés. […]

Ma bonne fortune voulut que dans la même sape il se trouvât, parmi les officiers, deux exemplaires de cette race préhistorique : le capitaine et

---

1. Bavardaient.

Les commentaires de Ferdinand

un lieutenant. Les autres, un aspirant et un petit sous-lieutenant, étaient dans le même cas que moi.

La troisième nuit, pour tromper l'insomnie et pour tuer le temps, le jeune sous-lieutenant proposa que chacun raconte, à son tour, son baptême du feu. La proposition fut agréée et, à la prière du capitaine, ce fut le lieutenant qui dut commencer. Il alluma donc une pipe et s'exécuta de bonne grâce.

Chapitre II

RÉCIT DU LIEUTENANT

« L'adjudant prendra la troisième section ».

« Ce fut par ces paroles sans solennité que je fus investi de mon commandement, le 1ᵉʳ septembre 1914, dans les bois de Malplantouse.

« Trente parmi les hommes de la section arrivaient avec moi du dépôt, comme renfort ; ceux-là ne m'intimidaient guère ; eux et moi nous étions dans le même cas ; des recrues à qui manquait le baptême du feu. Mais les autres ! Les autres qui, le soir venu, descendirent des positions qu'ils occupaient depuis la veille ! C'étaient pour nous des êtres extraordinaires et surhumains, des hommes comme nous ne pensions jamais en rencontrer que dans les livres. Nous savions qu'ils se battaient depuis un mois presque chaque jour. Dans la triomphale marche en avant, puis dans l'héroïque retraite ils avaient déjà pris part à autant de batailles que les chevronnés de Napoléon. […]

« Une scène qui se déroula le lendemain acheva de nous faire sentir combien notre mentalité différait encore de la leur.

« La compagnie, formée en carré dans un pré marécageux, le sergent-major s'avance au milieu.

« Il s'agit de trouver deux témoins pour certifier authentiquement le décès de tous ceux dont les corps ont jalonné les routes de la retraite.

« – Gaschon, qui l'a vu tué ?

« – Moi, chef, déclare un jeune paysan.

« – Vous êtes sûr qu'il était mort ?

« – Chef, c'est à Saint-Léon. Quand on a quitté le petit bois. Il a reçu une balle dans la tête…

Les commentaires de Ferdinand

« – Y en a-t-il un autre qui l'ait vu ?

« – Moi, chef, assure un sergent. Quand la section s'est portée en avant j'ai cru qu'il se cachait. Je l'ai secoué pour le faire lever. Il avait la cervelle éclatée.

« Et la funèbre enquête continue. Chacun apporte son témoignage placide et impassible. Pas plus d'émotion dans leur voix que s'il s'agissait de dresser un état nominatif des brodequins à échanger.

« Nous pour qui ces morts étaient des inconnus nous sentions nos cœurs se serrer devant cette hécatombe. Mais eux qui, à l'appel de ces noms, avaient coutume d'entendre répondre : présent ! semblaient avoir oublié déjà leurs anciens camarades de chambrée devenus hier leurs compagnons d'armes... »

Le jeune sous-lieutenant ne put se tenir d'interrompre le narrateur. « Il me semble, observa-t-il, que la communauté et l'imminence des périls devraient cimenter entre les combattants des liens indestructibles et que chaque perte par conséquent dût être longuement ressentie.

– Il est vrai, répondit le lieutenant, qu'il y a peu de groupements où vous vous sentiez plus solidaires et plus unis qu'aux armées, mais il n'y en a pas non plus où votre disparition laisse moins de traces. Et ceci ne vient pas d'un manque de sensibilité, mais d'un excès de sensation – excès dans l'intensité et dans le nombre.

« Je m'explique, mon jeune ami : l'homme, être borné, ne peut éprouver qu'un certain maximum de peine ou de plaisir, au-delà duquel il ne perçoit plus rien. Les martyrs[1], auxquels on enlevait la chair par lambeaux, arrivaient à un degré où la douleur ne pouvait plus s'accroître ; elle diminuait même sans interventions surnaturelles. Il

---

1. Personnes qui souffrent atrocement.

en est de même de l'émotion. La continuité et la violence de l'horreur finissent par lasser notre capacité de sentir, si bien qu'on s'y habitue et qu'on s'étonne un jour d'y rester indifférent.

« D'autre part, dix agonies autour de nous ne nous touchent guère plus qu'une seule. Même il semble que notre émotion s'atténue en se divisant. Dans les grandes catastrophes le nombre des victimes décourage notre intérêt. Et quand ces victimes se multiplient comme à la guerre, la quantité d'individus qui échapperaient fatalement à notre pitié nous est une raison suffisante pour moins nous attendrir sur les autres ; et ce n'est pas un sophisme[1] du cœur, c'est une loi de notre nature. » […]

Ici le lieutenant fut interrompu par l'aspirant qui descendait l'escalier : « Mon lieutenant, il est une heure. Je vous passe le quart. »

« La suite à tout à l'heure », promit le lieutenant, et il monta prendre son poste.

---

1. Raisonnement.

Les commentaires de Ferdinand

Chapitre III

SUITE DU RÉCIT

L'absence du lieutenant provoqua chez ses auditeurs une flatteuse impatience qu'ils essayèrent de calmer par un solide casse-croûte. Mais dès qu'il revint, chacun l'invita à continuer son récit. […]

« Il y a des dévouements faits de lassitude et des courages qui sont du découragement. Tel se révéla à moi un sergent, débris de l'ancien cadre, qui déjà à cette époque ne gardait plus qu'un imperceptible espoir de s'en tirer, ce qui lui façonnait une âme stoïque[1] qu'aucun événement ne pouvait troubler.

« Ce sergent fut mon initiateur. J'appris de lui le peu de place qui suffit au corps humain sur la terre pour se reposer. C'est, instruit par son exemple et par ses conseils, que je m'installais pour dormir sur le sol humide, roulé dans ma capote et serré contre lui sous une même toile de tente. Il nous fallait plier les genoux sans quoi les pieds dépassaient, si bien que nos corps formaient deux zigzags parallèles étroitement accolés. La première fois, il me répugnait de tirer la toile de tente sur ma face : ce geste m'évoquait l'ensevelissement. Mais j'appréciai vite la température qu'entretient, dans ce réduit improvisé, la respiration des dormeurs.

« Outre les menus enseignements que je tirais de son expérience pour mon bien-être matériel, je l'interrogeais savamment et avec des airs détachés sur tout ce qui me tenait tant au cœur ; l'état d'esprit du combattant, les émotions du champ de bataille. Il m'expliquait en les imitant avec la voix les différents bruits des obus selon le calibre et la

---

1. Impassible.

distance ; et aussi les sons variés que produisent les balles, selon qu'elles ricochent ou qu'elles arrivent de plein fouet ou qu'elles se retournent d'elles-mêmes dans leur trajet ou qu'elles éclatent en l'air par la dilatation du métal.

« D'autres fois, sous couleur de lui faire raconter les actions auxquelles il avait assisté, je me renseignais sur mon rôle de chef de section, sur la méthode de progression par bonds successifs et sur les dernières nouveautés du règlement.

« Ce qui me faisait trembler pour moi, c'est que ces hommes n'admettaient chez leurs chefs aucune défaillance. Le moindre acte de prudence était cruellement relevé et devenait aussitôt la fable du bataillon.

« Aussi, quand le 8 septembre dans la matinée une rafale de shrapnels[1] accueillit notre compagnie qui débouchait sur le plateau du Sompuy, en ligne de section par quatre, ce fut pour moi un véritable soulagement : j'allais enfin savoir !

« Détail curieux, je ne compris pas tout de suite qu'on nous tirait dessus. Malgré les imitations vocales du sergent, je fus surpris ; les éclatements grêles[2] et musicaux des 77[3] ne ressemblaient en rien à l'idée que je me faisais du canon. Il fallut l'ordre "Formez la carapace !" pour me convaincre que j'étais sous le feu de l'artillerie.

« La peur était loin de moi, j'étais tout à la curiosité.

« Il fallut exécuter un bond jusqu'à un petit bois de pins en avant de la crête. Je sentis tout ce qu'avait de solennel pour moi ce premier commandement devant l'ennemi et j'éprouvai que si les soldats sont entraînés par leurs officiers, ceux-ci sont soutenus par les regards des soldats.

---

1. Obus libérant des balles de plombs en explosant.
2. Aigus et faibles.
3. Canons allemands de 77 mm.

Les commentaires de Ferdinand

À mon signal les hommes se levèrent et me suivirent en ordre jusqu'au point indiqué, sans autre accident qu'une crosse brisée et quelques gamelles perforées. Tout alla bien tant que je fus absorbé par le souci de conduire la section. Mais, à ce mouvement se borna mon rôle actif pour la journée. Il était environ dix heures du matin. On nous laissa sur cette position jusqu'au coucher du soleil sous une grêle de shrapnels qui devint d'heure en heure plus intense et mieux réglée.

« Rien alors ne pouvait plus nous distraire de la situation présente. Le nez dans la mousse, avec notre sac sur la tête nous avions comme horizon quelques brins d'herbe ou des troncs de pins rachitiques[1] derrière lesquels nous cherchions un abri dérisoire. Des insectes autour de nous continuaient leur vie affairée et indifférente. Nous suivions machinalement de l'œil leurs paisibles occupations et plus d'un aurait souhaité ne pas tenir plus de place au soleil que ces bestioles ignorées.

« De minute en minute passait le mugissement des 210[2] qui s'achevait un peu plus loin en coup de tonnerre. La terre tremblait sous nos corps, et, sans arrêt, à quelques mètres à peine au-dessus de nous éclataient les petits obus. Nous sentions le souffle de leur passage si bien qu'ils nous semblaient frôler notre nuque. Les journaux avaient proclamé aux quatre vents la faillite de l'artillerie allemande ; leurs fusants[3] piquaient dans le sol ou éclataient dans le ciel ; aussi éprouvions-nous de la stupeur à constater que les éclatements se produisaient régulièrement à bonne hauteur.

« Une batterie française, qui répondit derrière nous, mit le comble à la trépidation ambiante. Chaque détonation nous secouait jusqu'aux

---

1. Rabougris, atrophiés.
2. Obus de 210 mm.
3. Obus qui explosent en l'air.

entrailles ; les obus se croisaient au-dessus de nos têtes dans une allée et venue étourdissante. Le tir se précipitait de part et d'autre. Quelques balles perdues vinrent bourdonner sous les arbres. Dans un vallon sur la droite, la fusillade crépitait ou plus exactement roulait comme un tambour gigantesque ; un homme apeuré près de moi poussait des vagissements[1] puérils ; des blessés appelaient vainement. Un obus laboura la terre à mes côtés ; je fus soulevé par le vent. À ce moment je découvris un sens physiologique[2] au mot trembler qui n'avait encore eu pour moi qu'un sens figuré ; mes muscles se contractaient dans un grelottement tétanique sur quoi ma volonté perdait tout contrôle. J'avais la certitude heureusement que personne ne levait la tête, que par conséquent nul ne pouvait me voir, et je pourrais affirmer, sans crainte d'être démenti, que mon pouls n'a pas battu plus vite, si une observation véridique n'était pas toujours plus intéressante qu'un beau mensonge. La mort m'apparaissait imminente. J'attendais un grand choc et la nuit. Je l'attendais tremblant mais sans révolte, sans pensée même. Par bonheur les coups arrivaient tous un peu longs ; la gerbe mitraillait les arbres derrière nous ; quelques mètres plus courts, personne de nous n'en serait revenu.

« Enfin vers sept heures, un homme de liaison nous apporta un ordre. Dès que j'eus une mission à remplir, une décision à prendre, je fus guéri. La nécessité de plastronner[3] devant les hommes et le soin de les conduire me rendirent mon sang-froid.

« Ce n'est pas ici le lieu de raconter ce qui suivit ; le ralliement à tâtons dans l'obscurité des bois… l'attaque de nuit enrayée par une surprise… les deux longues heures passées au clair de lune sous une nappe

---

1. Cris de nouveau-né.
2. Organique, physique.
3. Bomber le torse, se pavaner.

Les commentaires de Ferdinand

d'acier… ; vers onze heures du soir nous couchions sur les positions copieusement baptisées cette fois.

« Un anéantissement progressif succéda à notre excitation. La nuit lunaire était redevenue silencieuse et pacifique. Seule une trompe teutonne[1] sonnait au loin un rassemblement. Malgré l'épuisement et la fatigue nous fûmes longs à nous endormir. Ce n'était pas l'insécurité de notre situation qui nous tenait éveillés, mais la fièvre des initiés et des premiers communiants. Nous nous disions tout bas : c'était donc ça ! Et pourtant nous nous sentions devenus véritablement d'autres hommes. Il y avait quelque chose de changé en nous-mêmes. Était-ce d'avoir affronté la mort ? La fierté nous transportait-elle d'avoir collaboré à l'histoire ? Un jour nous pourrions dire : j'étais là ! Nous n'aurions pas dormi si nous avions su que c'était la Victoire de la Marne ! »

Dans le silence qui suivit un agent de liaison se présenta porteur d'un papier. Le capitaine déplia la feuille et lut : H = 5 h 35. Il était déjà 5 heures passées.

---

1. Trompette allemande (péjoratif).

Chapitre IV

LA VICTOIRE

Un peu avant l'heure H, Juvenet vint me prendre et me porta sur le bord de la tranchée afin de me faire participer à l'acte solennel qui se préparait. Il ne faisait pas jour et l'obscurité était encore épaissie par la fumée et par la poussière des explosions. Seuls les éclatements des shrapnels trouaient la nuit devant nous ; derrière les lueurs ne cessaient pas.

Chacun regardait sa montre en silence et le bruit du canon devenait une cataracte[1] tellement égale et continue que c'était encore du silence.

Soudain l'un d'entre nous cria : « C'est l'heure, ils partent ! » Alors tout le monde sauta hors de la tranchée, comme pour accompagner les vagues et se joindre aux assaillants ; mais l'élan s'arrêta sur le parapet d'où la vue pouvait embrasser toute l'étendue noire du champ de bataille.

Je me sentis frémir à la pensée de ces hommes qui appareillaient dans la tempête. Combien s'engloutiraient dans cette terre secouée et démontée par les obus ? Comment les autres aborderaient-ils après la traversée périlleuse ? Passeraient-ils sous l'ouragan des mitrailleuses, où se briseraient-ils sur l'écueil[2] des blockhaus[3] ?

Après vingt minutes d'attente et d'angoisse, de lointaines fumées montèrent à l'horizon, nous annonçant que les premiers objectifs étaient atteints.

Le jour se levait peu à peu je pus voir que je me trouvais au bord d'un chemin que je connaissais bien pour avoir pris position plusieurs fois à proximité.

---

1. Déluge.
2. Obstacle.
3. Abris militaires fortifiés.

Les commentaires de Ferdinand

Depuis très longtemps c'était une route amputée qui ne conduisait nulle part. Son moignon[1] disparaissait dans nos fils de fer et l'herbe avait recouvert la cicatrice. De profonds entonnoirs crevaient son dos lépreux. Seuls quelques mulets passaient dessus, la nuit, pour porter du matériel. Mais elle protégeait encore de son macadam les niches que ses défenseurs avaient creusées dans le talus et, le soir, des patrouilles rampaient à l'abri de ses fossés pour approcher les réseaux boches.

Or, voici que dans le soleil levant je vis des groupes de travailleurs penchés sur elle ; les bons pionniers pansaient ses plaies, raccordaient ses tronçons, et les blessures béantes s'effaçaient. Bientôt un cortège de blessés s'avança tranquillement vers nous, puis des troupeaux de prisonniers. Un bruit de moteur monta du vallon ; tous s'écartèrent et une auto passa à une allure encore prudente, mais donnant libre cours déjà à la turbulence[2] de son klaxon. Décidément c'était la victoire. […]

---

1. Partie coupée (habituellement d'un membre).
2. Bruit vif montrant une agitation.

Chapitre V

MON TESTAMENT

Hélas ! j'ai dû payer cher les heures d'enivrement que j'avais vécues sur le plateau du « Chemin des Dames ». Peut-être avais-je respiré, sans m'en douter, des relents de gaz, encore épars sur le sol, car, à peine redescendu à l'arrière, je tombai malade. Mon estomac ne pouvait plus supporter de nourriture ; ma vision s'altéra ; mes pattes avaient peine à me porter. Je restais des journées entières prostré et immobile. Me voyant dans cet état, mon maître, désespéré, essaya tous les remèdes ; du lait coupé d'eau bicarbonatée me soulagea un peu. Mais il me resta de cette crise d'incurables rhumatismes.

Enfin Juvenet résolut de profiter, pour m'évacuer sur Paris, d'une permission exceptionnelle que lui valut la naissance d'un troisième enfant, fruit sans doute du voyage de Mme Juvenet à Rarecourt.

C'est donc à Paris que je fais la guerre actuellement. J'ai connu les alertes des Gothas[1] pendant lesquelles on m'oubliait régulièrement à la cuisine. Mais j'ai redouté une fin encore plus horrible, quand Paris fut menacé d'investissement[2]. Mme Juvenet avait décidé de rester et les atrocités de l'autre siège hantaient mes nuits ; car je savais par ouï-dire que les Parisiens ont coutume dans ces circonstances de manger les rats.

Dieu merci, nous n'en sommes pas arrivés à cette extrémité et la guerre a pris meilleure tournure !

La fatigue de l'âge et les infirmités contractées au service me font douter d'en voir la fin. Mais je n'ai pas besoin de voir pour croire et

---

1. Avions bombardiers allemands.
2. Encerclement, siège.

Les commentaires de Ferdinand

je mourrai avec la foi dans la victoire de mes compagnons d'armes. La Malmaison m'a donné un avant-goût de ce que sera leur triomphe et j'emporterai le seul regret de ne pas défiler avec eux sous l'Arc de l'Étoile.

Puissent les satisfactions de la Victoire ne pas réconcilier les petits Juvenet avec la guerre. J'espère qu'il ne se trouvera personne dans leur génération pour jeter sur les horreurs que nous avons vécues le camouflage de la poésie. La guerre est devenue un devoir civique et terrible et non une carrière plus glorieuse que les autres.

Si les poètes veulent chanter, qu'ils célèbrent la longue patience du peuple, la sombre résolution des soldats, la résignation sainte des mères. Et ne les louez pas, ô Poètes ! d'être devenus les plus forts mais de n'avoir pas cédé à la force.

J'éprouve moi-même le remords, au terme de ces mémoires, de n'avoir pas pris la guerre assez au tragique, tournure d'esprit que je dois à la fréquentation des tranchées et aux exemples de mon maître. Mon excuse est de n'écrire pas pour la postérité mais pour le divertissement de mes camarades.

Ceux du front m'ont bien compris et ne se sont point scandalisés. Mais je sais qu'à l'arrière, dans les bureaux, il s'est trouvé des esprits timorés[1] (ou peut-être des consciences inquiètes) qui m'ont estimé un rat dangereux ; et je suis très fier du trouble que j'ai apporté dans leurs tranquilles retraites.

Et maintenant, braves et glorieux compagnons, je veux avant de me taire pour toujours et en guise de dernier adieu vous adresser un avertissement et un conseil.

J'ai peur que de votre longue et terrible lutte contre le monstre germanique, il ne vous soit resté quelque admiration secrète pour sa struc-

---

1. Craintifs.

ture. La difficulté même que vous avez éprouvée à le réduire a pu faire naître chez plus d'un le respect inconscient de sa force et de son dressage. Je constate avec inquiétude qu'on ne rit plus aussi fort de la lourdeur allemande, de l'organisation allemande, de la minutie allemande. Prenez garde que ce serait montrer une mentalité de peuple battu que de se mettre à leur école. Les Français seraient victorieux mais la France resterait subjuguée par la *Kultur*. J'estime que vous vous seriez sacrifiés en vain si la gangrène de l'autorité vous gagnait par contagion, si à l'État raison d'être des citoyens vous cessiez d'opposer l'État serviteur de leurs intérêts. L'idéal du maximum de rendement, de la surproduction et de l'automatisme est peut-être scientifique ; il n'est pas humain.

J'ai entendu dire qu'il y a très longtemps les Italiens, vos alliés actuels, avaient conquis une nation plus faible et plus petite que la leur, mais que les vainqueurs à leur tour furent conquis par la civilisation des vaincus. Ferez-vous aux boches cet honneur ?

Gardez donc votre légèreté, votre amour de la mesure et votre penchant à la badauderie[1].

Imposez au monde le désintéressement de votre activité, la modération de vos désirs, le rythme nonchalant de votre vie. Achevez votre conquête par l'amollissement et par la corruption des barbares puisqu'on nomme ainsi les bienfaits de la raison et de la philosophie.

La terre ne sera habitable qu'après la disparition de l'âpre lutte économique quand la sagesse sera la même pour les peuples et pour les rats.

Octobre 1918

FIN

---

1. Flânerie, oisiveté.

Après-texte

POUR COMPRENDRE
    Étapes 1 à 8 152
    Questions sur l'œuvre et notions à connaître

GROUPEMENT DE TEXTES
    La guerre des animaux 168

INFORMATION/DOCUMENTATION 181

« UN HUMBLE RAT DE TRANCHÉE »

Lire

1 P. 9, l. 1-9 : analysez de quelle manière le narrateur se présente au début du récit.

2 P. 9, l. 10-13 : quel reproche est-il fait aux rats ? Trouvez, dans les lignes suivantes, une autre critique dirigée contre eux.

3 P. 9-10, l. 14-38 : énumérez les différents rôles des rats selon Ferdinand.

4 P. 10-11, l. 39-48 : quelle est l'opinion du narrateur au sujet des journaux, en ce qui concerne l'évocation de la guerre ?

5 P. 10-11, l. 39-48 : relevez les mots du champ lexical de l'écriture. Quel est le projet de Ferdinand ?

6 P. 11-12, l. 49-71 : reformulez les arguments de Ferdinand qui soulignent l'inutilité des « descriptions malsaines » de la guerre.

7 p. 12, l. 67-71 : explicitez cette phrase.

8 Pourquoi peut-on dire que ce chapitre constitue une préface au récit ?

Écrire

9 P. 10, l. 27-29 : racontez, du point de vue du rat Ferdinand, sa rencontre avec un chien ratier.

10 Un récit de guerre doit-il montrer la « répugnante boucherie » (l. 50) évoquée par Ferdinand ? Rédigez un court texte argumentatif.

11 À votre tour, écrivez le début du journal de guerre d'un des animaux suivants : un cheval, un chien, un pigeon-voyageur.

Chercher

12 P. 9, l. 1-4 : que signifient les trois expressions « rat d'opéra », « rat de cave » et « rat d'hôtel » ?

13 Recherchez les noms des principaux commandants français de la Première Guerre mondiale.

14 Recherchez l'histoire des « oies du Capitole ».

15 Recherchez la présence des rats dans la littérature.

Oral

16 Lisez à voix haute une de ces fables de Jean de la Fontaine : « Le Chat et le Rat », « Le combat des Rats et des Belettes » ou « La ligue des Rats »

17 Qu'attendez-vous d'un récit de guerre ? Exposez vos idées en les comparant à celles de Ferdinand.

TEXTES INTRODUCTIFS ET INCIPITS

Il existe plusieurs mots pour désigner les textes introductifs situés au début des textes littéraires et servant de présentation :
– la ***préface*** renseigne sur les objectifs, le plan et les messages de l'œuvre, justifie les intentions et le travail de l'écrivain. Elle n'est pas toujours écrite de la main de l'auteur.
Ex. : La première réédition des *Mémoires d'un rat*, en 1920, était précédée d'une préface d'Anatole France : « *Les Mémoires d'un rat* divertissent et font penser. Ils sont une source intarissable de réflexions. » ;
– le ***prologue***, très fréquent en tête d'un texte théâtral, présente plutôt l'action, les thèmes et les personnages de l'œuvre ;
– le ***préambule*** expose les engagements que prend l'auteur (ou le narrateur), en apportant des éclaircissements sur l'œuvre.
Ex. : Jean-Jacques Rousseau, en tête de son autobiographie, expose son projet dans un premier avertissement au lecteur : « Voici le seul portrait d'homme, peint exactement d'après nature et dans toute sa vérité, qui existe et qui probablement existera jamais. Qui que vous soyez, que ma destinée ou ma confiance ont fait l'arbitre du sort de ce cahier, je vous conjure [...] de ne pas anéantir un ouvrage unique et utile, lequel peut servir de première pièce de comparaison pour l'étude des hommes [...]. »
On parle aussi d'***avant-propos***, d'***exorde*** ou encore de ***propos liminaire***.
Le texte d'introduction des *Mémoires d'un rat* n'est pas isolé du reste du récit et constitue même un chapitre. Il sert de préface, puisqu'il montre l'intention de Ferdinand d'écrire ses humbles mémoires, annonçant « une littérature [...] terre à terre » (p. 11, l. 46), dans laquelle aucune place ne sera laissée à la description des horreurs de la guerre.
Mais il constitue aussi ce qu'on appelle l'***incipit*** du roman, c'est-à-dire **les premières lignes du texte**, destinées à :
– attirer l'attention du lecteur ;
– définir le genre du texte (ici, les mémoires d'un rat) ;
– déterminer le choix du point de vue adopté (ici, celui du rat, défini par le premier mot du texte, « je ») ;
– montrer les choix stylistiques ;
– programmer le ton adopté par le narrateur.

LE TEMPS DE LA FORMATION

Lire

1 P. 13, l. 1-18 : quels mots font comprendre que le narrateur n'est pas un être humain ?

2 P. 13, l. 1-18 : relevez les mots qui permettent de personnifier le narrateur. À quel champ lexical appartiennent-ils ?

3 P. 14-15, l. 31-45 : qui fait découvrir la vie au narrateur ? Relevez les termes qui caractérisent son rôle de formateur.

4 P. 14-15, l. 46-55 : quels sont les conseils du patriarche ?

5 P. 15, l. 48-52 : « il nous faut beaucoup de prudence », « Ne vous laissez jamais tenter », « vous trouverez la sécurité » : étudiez les différents moyens utilisés par le sage pour donner des conseils.

6 P. 17, l. 1-6 : la vie des rats est-elle agréable ?

7 P. 19-21, l. 47-88 : montrez que la chasse aux rats est un véritable enfer pour eux.

8 Pour quelle raison la chasse aux rats s'arrête-t-elle ? Relevez un jeu de mots qui la résume.

9 P. 23 : quel portrait physique et moral est-il fait de Ferdinand ?

10 Le narrateur suit-il les conseils de son maître ? Quelles en sont les conséquences ?

11 P. 28-29 : de quelles manières Ferdinand est-il torturé ?

12 Pourquoi est-il finalement sauvé ?

13 P. 30-31, l. 75-124 : quels événements marquent la rupture du narrateur avec les rats et son rapprochement avec les humains ?

14 Pourquoi peut-on parler, au sujet des chapitres II à V, de « récit d'apprentissage » ?

Écrire

15 P. 22, l. 125-127 : racontez dans quelles circonstances le « bon maître » de Ferdinand trouve la mort.

16 Avant de mourir, le vieux maître de Ferdinand lui délivre ses derniers conseils pour vivre heureux et en sécurité parmi les rats.

17 Une fois Ferdinand capturé, il s'interroge sur son sort. Rédigez le monologue délibératif du rat.

18 Pensez-vous, comme le patriarche, qu'il faut vivre dans la prudence et la sécurité ou bien qu'il faut prendre des risques et tenter l'aventure ? Rédigez une réponse organisée et développée.

Chercher

19 Recherchez la différence entre autobiographie et Mémoires.

20 Qui est Dante, le « poète allié » (p. 20, l. 63) ?

21 Recherchez la carte de l'enfer de Botticelli et expliquez le rapprochement possible avec la guerre de tranchées.

À SAVOIR

LE RÉCIT D'APPRENTISSAGE

Mémoires d'un rat présente, dans sa première partie, les caractéristiques d'une forme de romans ayant eu un grand succès au XIXe siècle : le roman d'apprentissage (également nommé « **roman de formation** » ou « **roman d'éducation** »).

Dans le roman d'apprentissage, **un jeune homme acquiert, grâce à un maître et à ses aventures, une connaissance du monde, en faisant ses armes à l'école de la vie**. Ferdinand suit lui aussi une forme d'initiation au monde, grâce à un **mentor**, le « sage patriarche », et à partir du **champ d'expérience de la vie** (ex. : sa sortie jusqu'à un trou à ordures, sa chute dans la feuillée nauséabonde, les persécutions subies par les rats...).

Il apprend, grâce aux conseils de son maître, à se comporter avec prudence et ruse, à rester mesuré dans ses envies et à vivre dans la tranquillité et loin du danger. Quand il retrouve sa liberté, au chapitre II de la deuxième partie, il fait le constat : « C'est que je n'étais plus le jeune étourdi qui menait la vie d'aventures sur la butte de Malgréjean. » Il a mûri et pris la pleine conscience de son rôle dans la société.

Le récit d'apprentissage est né au XIXe siècle en Allemagne, inspiré des romans de chevalerie, du roman picaresque (récit d'aventures initiatiques) et des contes philosophiques.

Parmi les romans d'apprentissage français les plus connus, on trouve : *Illusions perdues*, de Balzac, *L'Éducation sentimentale*, de Flaubert, *Bel-Ami*, de Maupassant... Le roman contemporain exploite souvent les ressources du récit d'apprentissage : ainsi, *L'Étudiant étranger*, de Labro, ou *Balzac et la petite tailleuse chinoise*, de Dai Sijie.

Ses principales caractéristiques sont :
– un **héros jeune** (Ferdinand s'amuse à des « jeux pétulants et enfantins ») ;
– un **initiateur** (« un de nos anciens [...] un rat justement réputé pour sa grande expérience et pour sa longue queue ») ;
– une **transmission de l'expérience, d'une morale, de la sagesse** ;
– une **mise en relation entre l'histoire du héros et le contexte historique** (Ferdinand, né pendant la Grande Guerre et s'y accomplissant en tant qu'individu.)

« J'ÉTAIS SOLDAT ! »

Lire

1 P. 32-33, l. 1-42 : quels changements physiques et moraux font de Ferdinand un soldat ?

2 P. 34-37, l. 67-125 : de quelle manière Juvenet accomplit-il son devoir de guetteur ?

3 P. 36, l. 98-105 : comment expliquez-vous l'« obscure sympathie » que ressent Juvenet pour les soldats ennemis ?

4 P. 37-38, l. 126-160 : quelles sont les « barrières morales » de Juvenet ?

5 P. 41, l. 50-65 : pourquoi Ferdinand n'est-il pas heureux d'être libre ?

6 P. 42-43, l. 88-92 : expliquez et commentez cette phrase.

7 P. 44, l. 1-16 : quel changement intervient dans la relation entre Ferdinand et Juvenet ?

8 P. 45-48, l. 41-100 : résumez cet épisode en quelques lignes.

9 P. 49-53 : Juvenet est-il heureux au cours de sa permission ? À quels moments peut-on parler de bonheur ?

Écrire

10 P. 33, l. 25-29 : rédigez le portrait physique de Ferdinand soldat.

11 P. 36, l. 108-125 : selon vous, qui a raison : Juvenet ou le sergent ? Exposez vos arguments.

12 P. 45, l. 29 : écrivez le monologue de Juvenet.

13 P. 45, l. 35-36 : « Peut-être bien qu'elle m'écrit ma lettre en ce moment... » Rédigez la lettre de la femme de Juvenet à son mari soldat.

14 P. 49, l. 4-8 : Juvenet, dans le train qui le conduit en permission, rêve des lieux, des personnes, des sensations qu'il va retrouner. Écrivez-le.

15 P. 48, l. 8 : racontez un moment où vous avez été dans « l'attente du bonheur ».

16 À partir d'une recherche lexicale (les champs lexicaux de la bravoure, de l'héroïsme, de la gloire et de la vérité), décrivez moralement Ferdinand, tel qu'il s'imagine en héros.

Chercher

17 P. 32, l. 14 : cherchez l'étymologie du mot « héros », puis donnez des mots de la même famille.

18 Quelle évolution connaît la tenue du soldat français pendant la Première Guerre mondiale ?

Oral

19 P. 51-52, l. 61-79 : seul ou à plusieurs, lisez à voix haute ce passage.

20 Recherchez une lettre de poilu puis sélectionnez un passage d'une dizaine de lignes. Faites une présentation orale de cette lettre (son auteur, son sujet) et lisez de manière expressive l'extrait choisi.

> **À SAVOIR**
>
> ## MODALISATION ET VOCABULAIRE ÉVALUATIF
>
> La **modalisation** est l'ensemble des moyens qui permettent au locuteur de s'impliquer personnellement dans son discours. Ainsi, il peut **exprimer sa subjectivité** à travers :
> – ses sentiments ;
> – son jugement ;
> – ses doutes et ses certitudes...
>
> Cette subjectivité passe à travers l'usage de modalisateurs, que ce soit l'emploi de certains adverbes (*sans doute*, *peut-être*...) du conditionnel (permettant d'exprimer des réserves), des temps de l'indicatif (marquant davantage la certitude du fait) ou encore de certains verbes (*croire*, *penser*, *sembler*, *estimer*...).
>
> Le vocabulaire permet souvent de **faire passer un jugement de valeur** sur les choses. Ainsi, dans un récit, on appelle **vocabulaire évaluatif** ou **vocabulaire appréciatif** les mots qui **permettent de montrer la subjectivité** du narrateur ou des personnages.
>
> On distingue :
> – les **mots péjoratifs ou dévalorisants** : ils montrent ce que le locuteur estime mauvais, laid ou mal. Ex. : « les *vulgaires* rongeurs » (p. 33, l. 38), « leur *piquette* » (p. 40, l. 27), « cloches, gongs, sirènes, klaxons *beuglaient* » (p. 46, l. 51-52). L'**argot** sert aussi à faire passer un jugement de valeur défavorable. Ex. : « le *Boche* » (p. 37, l. 123), « du *pinard* » (p. 39, l. 12) ;
> – les **mots mélioratifs ou valorisants** : ils révèlent ce que le locuteur juge bon, beau ou bien. Ex. : « Ce fut un succès *colossal* ! » (p. 42, l. 80), « victoire *sensationnelle* » (p. 47, l. 75), « le parti *héroïque* » (p. 47, l. 85), « le *courageux* guetteur » (p. 47, l. 89), « le cousin était *un personnage* » (p. 52, l. 79).

« MOI AUSSI J'ÉTAIS À VERDUN ! »

Lire

1 p. 54 : qu'est-ce qui explique l'intérêt qu'ont les soldats pour les permissionnaires de retour ?

2 P. 54-55, l. 1-28 : comment expliquez-vous la suspicion des soldats vis-à-vis des journaux et des lettres ?

3 P. 57-58, l. 31-56 : qu'a d'inattendue l'évocation de la bataille de Verdun ?

4 P. 58, l. 57-68 : pourquoi la compagnie de Juvenet ne risque-t-elle rien ? Quelle critique sous-jacente est alors faite ?

5 P. 60-63 : de quelles façons les soldats se rassurent-ils face à la mort ?

6 P. 64, l. 23-36 : de quelle manière le narrateur souligne-t-il la lourdeur de l'équipement du soldat ? Pourquoi Juvenet s'encombre-t-il quand même de Ferdinand ?

7 P. 64-68, l. 37-123 : quelles impressions ressortent de la description du champ de bataille ? À quelle comparaison le narrateur a-t-il recours ?

8 Quel rôle joue Ferdinand dans la bataille de Verdun ?

9 P. 74-75, l. 45-51 : pourquoi Juvenet se sépare-t-il de Ferdinand ?

10 Quelles critiques apparaissent dans la « conclusion » ?

Écrire

11 P. 59, l. 8-9 : l'un des zouaves, au moment de la relève, raconte l'enfer de Verdun.

12 P. 59, l. 8-12 : rédigez un article de journal, en exaltant l'héroïsme des combattants français face aux terribles dangers des combats.

Chercher

13 P. 55, l. 37 : qui est Circé ? Comment Juvenet explique-t-il l'arrêt des combats à Salonique ?

14 Que s'est-il passé à Verdun en 1916 ?

15 Recherchez une représentation du tableau de Felix Vallotton intitulé *Verdun* et décrivez-le.

16 Qu'est-ce qu'une oraison funèbre ? Recopiez un court passage d'un célèbre éloge funèbre (par exemple par Bossuet ou André Malraux).

Oral

17 Cherchez des gravures d'Otto Dix décrivant des scènes de combat et préparez une présentation orale de ces documents (présentation, mise en contexte, description et impressions).

TROISIÈME PARTIE
PAGES 54 À 78

À SAVOIR

LES FIGURES DE STYLE

Les figures de style (ou **figures de rhétorique**) sont des **procédés stylistiques qui créent une image mentale** dans la tête du lecteur **ou qui agissent sur la construction d'une phrase** dans le but de produire un effet particulier.

Elles sont utilisées pour rendre le texte plus beau, plus efficace, plus rythmé et elles participent à son sens.

Parmi les figures de construction, l'**énumération** (ou **accumulation**) permet, au moyen d'une **liste de termes ou d'expressions**, de montrer l'abondance ou l'exagération. Ex. : « Les hommes emportaient sur eux *des vivres pour huit jours, trois litres d'eau, des grenades, des cartouches, des outils, des flammes de Bengale, des fusées* […] » (p. 64, l. 27-29).

Parmi les images, une des figures les plus employées est la **comparaison**. Elle établit un **rapprochement entre deux réalités au moyen d'un mot-outil** (*comme, tel*...). Ex. : « Seules quelques miettes subsistaient parmi les débris du papier à demi rongé, *telles des épaves sur la mer demeurent les derniers vestiges d'un naufrage.* » (p. 115, l. 93-95)

Miettes	subsistaient	telles	épaves sur la mer
Comparé	Point de comparaison	Outil de comparaison	Comparant

La **métaphore** établit, elle aussi, un **rapprochement entre deux éléments**, mais **de manière implicite**, sans utiliser d'outil de comparaison. Ex. : « sans lui nous étions un *troupeau d'aveugles* » (p. 67, l. 95-96), « devenir autre chose que de la *chair à canon* » (p. 90, l. 9-10).

Quand cette métaphore est **prolongée par le développement du champ lexical associé**, on parle alors de **métaphore filée**. Ex. : « Depuis très longtemps, c'était une route *amputée* qui ne conduisait nulle part. Son *moignon* disparaissait dans nos fils de fer et l'herbe avait recouvert la *cicatrice*. De profonds entonnoirs crevaient son dos *lépreux*. » (p. 147, l. 23-26).

Il existe également une figure de style très utilisée, qui agit par substitution : la **périphrase**. Elle **désigne un être ou une chose par une expression indirecte qui permet de l'identifier**. Ex. : Ferdinand use à deux reprises d'une périphrase pour parler des hommes : « *les prétentieux bipèdes* » (p. 61, l. 2) et « *les animaux raisonnables* » (p. 62, l. 1).

POUR COMPRENDRE

« VICTIME DE MA GOURMANDISE »

Lire

1 P. 82, l. 27-42 : quel est l'emploi non officiel de Ferdinand ? En quoi consiste-t-il ?

2 P. 83, l. 54-67 : quelle aventure le conduit à rejoindre le front ?

3 P. 83, l. 68 : commentez cette exclamation de Ferdinand.

4 P. 84-85 : pour quelles raisons Ferdinand décide-t-il de ne pas s'échapper ?

5 Expliquez le titre du premier chapitre : « L'heureuse faute ».

6 Racontez les difficiles retrouvailles entre Ferdinand et Juvenet.

7 P. 90-93 : reconstituez les étapes de la vie de Juvenet depuis sa blessure à Verdun jusqu'aux retrouvailles avec Ferdinand.

8 P. 94 : pourquoi Juvenet insiste-t-il auprès de Mme Badois sur les souffrances qu'il a endurées ?

9 Expliquez le titre du chapitre IV, « Le scandale du Q. G. »

10 P. 99, l. 116-117 : pourquoi Juvenet, si bon cuisinier, rate-t-il le repas ?

11 P. 99, l. 126-131 : faites l'analyse des différentes propositions.

Écrire

12 Vous retrouvez un jour votre meilleur(e) ami(e) de l'école primaire. Mais le temps a passé et les choses ont changé. Racontez ces difficiles retrouvailles.

13 P. 92-93, l. 17-34 : en vous appuyant sur le texte, imaginez le dialogue embarrassé entre Juvenet et son cousin Ernest.

14 Imaginez le récit d'une des aventures de Ferdinand que Juvenet raconte à Mme Badois.

Chercher

15 Recherchez les titres de deux œuvres de Jules César et établissez un rapprochement avec le titre de la suite des aventures de Ferdinand.

16 Faites des recherches sur les rôles joués par les femmes pendant la Première Guerre mondiale.

Oral

17 Pensez-vous qu'il soit difficile de renouer avec d'anciens amis ? Débattez.

LES PROPOSITIONS DANS LA PHRASE COMPLEXE

La **phrase simple**, à la différence de la phrase complexe, **ne contient qu'une seule proposition**, c'est-à-dire qu'elle ne possède qu'**un seul verbe conjugué**. Ex. : « [*L'effet ne se fit pas attendre.*] » (p. 89, l. 72).

La **phrase complexe** se définit par la présence de **plusieurs verbes conjugués**, donc de **plusieurs propositions**.

Il existe **trois façons de relier les propositions** dans la phrase complexe :
– la **juxtaposition** : par un **signe de ponctuation** (virgule, point-virgule, deux-points). Ex. : « [*Une soudaine mode d'humilité fit fureur*] : [*chacun semblait s'attacher à déprécier la valeur du régiment.*] » (p. 56, l. 9-11).
– la **coordination** : par une **conjonction de coordination** (*mais, ou, et, donc, or, ni, car*) ou un **adverbe** (*puis, alors...*). Ex. : « [*Juvenait régnait en maître dans la cuisine*] [*et il sut s'imposer à ses compagnons.*] » (p. 93, l. 88-89).
– la **subordination** : une **conjonction de subordination** (*que, bien que, parce que, si...*), un **pronom relatif** (*qui, que, quoi, dont, où, lequel...*) ou un **mot interrogatif** (*combien, quand, quel, qui...*) relient la proposition principale à la proposition subordonnée.

On distingue principalement quatre propositions subordonnées :
– la **proposition subordonnée relative** : elle complète un nom (ou un pronom) appelé l'antécédent et est introduite par un pronom relatif. Ex. : « [*Cet exercice faisait partie du fameux dressage*] [*qui avait établi ma notoriété et celle de mon maître.*] » (p. 88, l. 60-61) ;
– la **proposition subordonnée conjonctive complétive** : elle complète un verbe et est introduite par la conjonction de subordination « que ». Ex. : « [*Après sa blessure, Juvenet, lui aussi, avait cru*] [*que la guerre était finie.*] » (p. 90, l. 1-2).
– la **proposition subordonnée conjonctive circonstancielle** : elle est introduite par une conjonction de subordination exprimant la cause (*parce que*), le but (*pour que*), la condition (*si*), le temps (*quand*)... Ex. : « [*Il calligraphiait des bordereaux*] [*tandis que j'opérais des prélèvements.*] » (p. 82, l. 28-29).
– la **proposition subordonnée (conjonctive) interrogative indirecte** : elle est introduite par la **conjonction de subordination « si »** ou par **un mot interrogatif**. Elle permet de poser une question dans le discours indirect. Ex. : « [*Je me demande aujourd'hui*] [*si les raisons [...] n'empruntaient pas leur force à une divination du cœur.*] » (p. 86, l. 2-4).

« RETOUR AU FRONT »

Lire

1 P. 102-103, l. 36-50 : en vous appuyant sur le lexique, expliquez le rapprochement entre les tranchées et le bagne.

2 P. 103, l. 66-68 : expliquez la critique contenue dans la définition des officiers de l'état-major.

3 P. 106, l. 9-22 : relevez les pronoms et groupes nominaux servant à désigner les soldats.

4 P. 107-108, l. 36-85 : montrez que Ferdinand jouit d'une grande popularité parmi les soldats.

5 P. 111, l. 7-9 : expliquez pourquoi le grade de caporal est à la fois « humble » et une « grande et redoutable fonction ».

6 P. 113, l. 34-42 : pourquoi Juvenet ne veut-il pas manger le cake de Mme Juvenet avant Noël ?

7 P. 115, l. 80-91 : quel « grand débat » se produit dans la tête de Ferdinand ? En quoi son choix est-il amusant ?

8 P. 114-115 : comment Ferdinand cherche-t-il à réparer la perte du cake ?

9 P. 118-119 : quel personnage réapparaît ? Quelle mésaventure lui arrive-t-il ?

10 Montrez, dans l'ensemble de la deuxième partie, que Ferdinand entretient un rapport ambigu avec les autres rats.

Écrire

11 P. 116, l. 110-113 : reprenez les premiers mots de la lettre de Juvenet à sa femme et écrivez-en la suite.

12 Comme Ferdinand, vous avez un jour été tenté de réparer une injustice. Racontez votre expérience.

Chercher

13 Recherchez des informations et des images sur la butte de Vauquois et la bataille qui s'y est déroulée.

14 Lisez le chapitre VII des *Croix de bois* de Roland Dorgelès, intitulé « Le Mont Calvaire » (Classiques & Contemporains n° 154).

15 Cherchez les différents grades de la hiérarchie militaire française.

LES REPRISES ANAPHORIQUES

Les reprises anaphoriques, également appelées « **substituts du nom** », sont des **procédés qui permettent d'évoquer**, au moyen d'un pronom ou d'un groupe nominal, **une personne ou une chose dont on a déjà parlé**.
Ces procédés de reprise ont **deux principaux objectifs : éviter les répétitions** et **enrichir le texte** en apportant des informations nouvelles.

Les **reprises pronominales**, avec l'utilisation d'un pronom (personnel, possessif, démonstratif, interrogatif, relatif...), permettent d'éviter les répétitions en allégeant la phrase.
Ex. : « C'était un rat justement réputé pour sa grande expérience et pour sa longue queue. *Il* avait connu la guerre en rase campagne et frémissait encore en parlant de l'époque barbare où les belligérants parcouraient la terre en brûlant les granges et les meules de blé. C'est ainsi que *lui-même* avait été chassé par les flammes d'un grenier riche et plantureux. » (p. 14, l. 32-36).

Les **reprises nominales** : on choisit de remplacer un nom dans un texte par un autre nom pour éviter les répétitions, mais surtout pour varier l'expression et enrichir le texte d'informations supplémentaires.
Ainsi on utilise :
– un **synonyme**
Ex. : « Je bondis au milieu de la cohue et j'arrivai le premier sur *le cake*. Mais à peine eus-je fait mine d'y goûter que je tombai comme foudroyé. Puis après quelques convulsions je restai immobile, roide et silencieux. Ceux du premier rang s'écartèrent, épouvantés, devant cette preuve manifeste que *le gâteau* était empoisonné. » (p. 114-115, l. 65-70) ;
– une **périphrase**
Ex. : Les rats de Vauquois : « l'excès de ma fortune ne me faisait pas oublier *mes frères misérables* » (p. 109, l. 86-87), « *ces malheureux* étaient pourchassés avec une recrudescence de haine et un acharnement impitoyable » (p. 109, l. 89-91), « ma situation privilégiée m'imposait le devoir de protéger *mes parents pauvres* » (p. 110, l. 99-100) ;
– un **mot générique** ou **hyperonyme**
Ex. : « Alors les limeurs de bagues, les sertisseurs de boutons boches, les ciseleurs d'initiales, les marteleurs de cuivre et les fondeurs d'aluminium, tous les *bricoleurs* des bijoux de tranchée tournèrent leur ingéniosité vers cette chasse lucrative. » (p. 19, l. 57-60).

« LES DÉLICES DE CAPOUE »

Lire

1 P. 121, l. 8-21 : de quelle manière la guerre a-t-elle modifié la vision des hommes ?

2 P. 124 : « si j'avais cru que cette révélation le put tant soit peu diminuer dans l'estime des honnêtes gens » (l. 5-6) ; « si je dissimulais maladroitement ses conquêtes les plus flatteuses » (l. 13) ; « s'il se laissa un moment dévoyer » : quelles relations logiques sont exprimées dans ces propositions ?

3 P. 125-126, l. 36-61 : quels changements interviennent chez Juvenet ?

4 P. 129-132 : expliquez pourquoi Juvenet a cédé à l'appel de l'amour avec Marie-Louise.

5 P. 131 : comment se manifeste l'amour de Juvenet pour Marie-Louise ?

6 P. 132 : relevez les indices de la culpabilité de Juvenet.

7 Expliquez le titre du chapitre V en en résumant l'essentiel.

Écrire

8 P. 127, l. 3-8 : développez le portrait physique de Marie-Louise.

9 P. 127, l. 9 : racontez la première rencontre entre Juvenet et Marie-Louise. Rédigez un récit complexe (narration, description, dialogue).

10 P. 130, l. 43-46 : en vous aidant des arguments de Ferdinand, inventez la réponse que le rat pourrait faire à Juvenet pour le convaincre qu'il a tort d'aimer Marie-Louise.

11 Comprenez-vous l'infidélité de Juvenet ?

Chercher

12 À quoi renvoie le titre « Les délices de Capoue » ?

13 Cherchez des exemples de noms donnés à des tranchées au cours de la Première Guerre mondiale.

14 P. 131, l. 68-70 : cherchez la structure d'une tranchée et relevez le vocabulaire qui y est associé.

Oral

15 En vous aidant de la question 14, expliquez la composition d'une tranchée.

16 P. 134, l. 38-46 : pensez-vous que Ferdinand a raison de déchirer la lettre que Marie-Louise a écrite à Jacques Berthet ? Débattez.

17 Cherchez le poème « Ombre » de Guillaume Apollinaire (*Calligrammes*), apprenez-le par cœur afin de le réciter.

L'EXPRESSION DES RELATIONS LOGIQUES ET LES CONNECTEURS

À SAVOIR

Il existe principalement **cinq relations logiques** : la **cause**, la **conséquence**, le **but**, la **condition** et l'**opposition**.

Les groupes nominaux, verbaux et les propositions qui servent à les exprimer ont tous pour fonction d'être **complément circonstanciel**.

On peut exprimer une relation logique au moyen :

– d'un groupe nominal/verbal prépositionnel

Ex. : « les meilleures troupes furent retirées des tranchées _pour constituer à l'arrière deux masses de réserve_. » (p. 121, l. 4-5) : **C.C. de but** ;

– d'une **proposition indépendante coordonnée** (reliée à une autre proposition par une conjonction de coordination ou par un adverbe)

Ex. : « Peut-être prit-il au contraire mon silence pour un acquiescement, car il continua par la suite de me prendre pour son confesseur. » (p. 130, l. 48-50) : **C.C. de cause** ;

– d'une **proposition subordonnée** introduite par une conjonction de subordination

Ex. : « Celui-ci avait devancé la colonne pour collaborer aux opérations du cantonnement _tandis que_ je suivais la queue du régiment sur ma voiturette. » (p. 127, l. 9-11) ; **C.C. d'opposition**.

On exprime les relations logiques au moyen de connecteurs logiques :

	Conjonctions de coordination	Conjonctions de subordination	Adverbes	Prépositions
Cause	Car	Parce que, puisque, comme…	En effet, de fait…	À cause de, en raison de, grâce à, faute de…
Conséquence	Donc	De sorte que, si bien que tant… que…	Alors, ainsi, c'est pourquoi…	De manière à, au point de…
Opposition	Mais, or	Bien que, quoique, alors que, tandis que, même si…	En revanche, pourtant, cependant, toutefois…	En dépit de, malgré, au lieu de…
Condition		Si, à (la) condition que, à moins que…		En cas de, à condition de…
But		Pour que, afin que…		Pour, afin de, dans le but de…

« C'ÉTAIT DONC ÇA ! »

Lire

1 P. 138-139 : comment le lieutenant explique-t-il l'indifférence avec laquelle les soldats disparus sont évoqués ?

2 P. 141-142 : qu'apprend le lieutenant du sergent qui l'initie à l'art de la guerre ?

3 P. 142, l. 32-34 : qu'est-ce qui effraie le lieutenant ?

4 P. 142-144, l. 39-95 : pourquoi le lieutenant tremble-t-il ? Dans quelles situations retrouve-t-il son calme et son sang-froid ?

5 P. 143-144, l. 56-91 : parmi les cinq sens, quels sont ceux que le lieutenant utilise pour évoquer la guerre ?

6 P. 145, l. 106-110 : comment la guerre transforme-t-elle les hommes ?

7 P. 146, l. 12-16 : expliquez la métaphore filée, puis trouvez-en une autre à la page 147.

8 Dans le « testament » de Ferdinand, quels messages transmet-il aux générations futures ?

Écrire

9 P. 136, l. 3-7 : racontez, du point de vue de Ferdinand, et en n'utilisant que le sens de l'ouïe, ce qu'il perçoit de la bataille de la Malmaison.

10 Rédigez le récit du capitaine qui racontera à son tour sa première expérience des combats.

11 Il vous est arrivé d'avoir à vivre une première expérience angoissante. Racontez-la.

12 P. 144, l. 96 : « Ce n'est pas ici le lieu de raconter ce qui suivit. » À l'aide des indications données par le texte (l. 96-100), écrivez la suite de l'histoire du lieutenant.

13 P. 149, l. 36-40 : êtes-vous d'accord avec Ferdinand quand il dit « n'avoir pas pris la guerre assez au tragique » ? Rédigez une réponse développée et argumentée.

Chercher

14 Recherchez quelques informations sur la bataille de la Malmaison.

15 Recherchez ce que sont le *Décaméron* et l'*Heptaméron*. Établissez un rapprochement avec les chapitres I à III.

16 Recherchez les noms de quelques martyrs chrétiens et notez quelques informations sur leur supplice.

17 Recherchez des informations sur la bataille de la Marne.

18 Trouvez une représentation du Monument national de la Victoire de la Marne et décrivez-le en expliquant les principaux éléments qui le composent.

19 Qu'est-ce que le Chemin des Dames ?

DIRE LA GUERRE DE 14

Il n'est pas facile de parler de la guerre. Pourtant, **la Première Guerre mondiale est un sujet qui a fourni à la littérature une abondante matière : journaux, lettres, romans et poèmes** permettent encore au lecteur d'aujourd'hui d'accéder à un ensemble d'œuvres et de documents d'une grande variété et d'une grande richesse.

— Les **journaux** et **carnets de guerre** sont très nombreux au cours de la Grande Guerre : ils permettent, **de manière chronologique et intime**, de **raconter les combats**. Ex. : « 23 mars – Quelle nuit nous avons passée ! Se geler ou se mouiller, je crois qu'au petit jour nous étions les deux. On fait de grands feux pour se réchauffer et on parle des événements de la veille. » (Paul Desnoëls, *Carnets de Verdun*, 2014).

— Les **lettres de poilus**, comme les carnets, livrent une **vision intime et quotidienne de la vie des soldats au front**. Ex. : « Ma bien chère Lucie, Quand cette lettre te parviendra, je serai mort fusillé. [...] Je meurs innocent du crime d'abandon de poste qui m'est reproché. [...] Ma dernière pensée, à toi, jusqu'au bout. » (Henry Floch, *Paroles de Poilus*, 1998).

— Les **romans contemporains** de la Première Guerre mondiale, comme *Le Feu : journal d'une escouade*, d'Henri Barbusse, *Civilisation*, de Georges Duhamel, *Les Croix de bois*, de Roland Dorgelès, ou encore *Orages d'acier* de l'Allemand Ernst Jünger, livrent une vision littéraire de la guerre, pour témoigner des horreurs des combats, pour rendre hommage aux disparus, pour dénoncer la boucherie qui a précipité à la mort tant de soldats.

— Parmi les **poèmes** inspirés par la der des ders, les *Calligrammes* de Guillaume Apollinaire, sous-titrés « Poèmes de la paix et de la guerre », **associent la puissance de la guerre au pouvoir des sons et des formes**. Ex. « Les canons tonnent dans la nuit/On dirait des vagues tempêtes/ Des cœurs où pointe un grand ennui/Ennui qui toujours se répète » (« Simultanéités », *Calligrammes*, 1918).

Des années après les combats, la littérature s'est inspirée du traumatisme de 14-18 pour en faire le cadre et le décor de romans historiques, souvent très bien documentés. Ainsi, *Les Champs d'honneur*, de Jean Rouaud, *La Chambre des officiers*, de Marc Dugain, *Cris*, de Laurent Gaudé, *Soldat Peaceful*, de Michael Morpurgo, ou encore *Au revoir là-haut*, de Pierre Lemaitre, poursuivent le devoir de mémoire dû aux combattants de 14-18.

GROUPEMENT DE TEXTES

LA GUERRE DES ANIMAUX

Compagnons fidèles des hommes ou terribles parasites, engagés volontaires ou enrôlés de force, les animaux de guerre ont inspiré aux écrivains de belles pages de la littérature. Qu'ils racontent leur propre histoire ou qu'ils conservent leur mutisme naturel, ces animaux disent quelque chose de la guerre.

Éric-Emmanuel Schmitt (né en 1960)
La Part de l'autre, 2001, Albin Michel.

Adolf Hitler, engagé volontaire dans la Première Guerre mondiale, a pour compagnon Foxl, un fox-terrier échappé des lignes anglaises. Éric-Emmanuel Schmitt, dans cet extrait, raconte l'amitié entre le soldat Hitler et son chien, occupés à une chasse aux rats annonciatrice d'un terrible futur holocauste…

La guerre s'enlisait.

Elle continuait à produire chaque nuit autant de cadavres mais tous ces morts ne servaient à rien. Le front bougeait de quelques mètres, puis rétrogradait une semaine plus tard, les hommes s'épuisant à défendre des bandes de terre qu'ils ne connaissaient pas avant le conflit et auxquelles ils devaient désormais donner leur vie. L'absurdité de cette situation ajoutait son poids à la lassitude et, sous le ciel bas et vaseux d'où suintait la lumière morne du nord, tout enthousiasme avait disparu. Il ne demeurait que la routine de l'horreur.

Hitler et Foxl, eux, n'avaient rien perdu de leur dynamisme. Ils s'étaient découvert une nouvelle passion commune : la chasse aux rats.

La guerre des animaux

Plus d'une fois, au milieu de la nuit, ils s'étaient fait surprendre par une horde de rats. Les rongeurs arrivaient, bondissant, couinant, débouchant de leur cachette en nombre tellement inconcevable que le sol devenait une pelisse vivante, grouillante, informe, sifflante, d'où surgissait çà et là une petite mâchoire robuste ou un œil jaune acide infiltré de haine, tapis lustré et mouvant qui emportait sur son passage tout ce qui pouvait se manger, pain, sacs, conserves, viscères ou membres déchiquetés des cadavres. Les soldats détestaient d'autant plus les rats qu'ils savaient qu'en cas de blessure mortelle, ces charognards seraient leurs premiers croque-morts et se jetteraient sur eux pour les déchirer avec leurs dents.

Hitler et Foxl occupaient donc leurs heures libres, hors du service d'estafette, à chasser le rat chacun à sa manière. Foxl suivait la technique classique du fox-terrier, Hitler y mettait des raffinements techniques. Il déposait un petit bout de pain en guise d'appât puis s'allongeait non loin, pointait son fusil et pulvérisait la bête lorsqu'elle arrivait. Plus jouissive encore était sa tactique numéro deux qui consistait à répandre de la poudre autour du leurre, poudre récupérée dans les obus non éclatés, et à y mettre le feu lorsque les bêtes s'approchaient : il avait alors le plaisir de les voir brûler vives. D'une simple occupation, c'était devenu une obsession et Hitler s'était promis, à force d'acharnement, d'arriver à la solution finale : l'extermination définitive de tous les rats du front.

Michael Morpurgo (né en 1943)
Cheval de guerre, [1982], 1997, Gallimard Jeunesse, traduction d'André Dupuis.

Un cheval dans la guerre, voilà qui n'a rien d'étonnant : depuis toujours il appartient en effet à la cavalerie. Mais, lorsqu'il s'agit d'une guerre moderne, mécanisée et barbare, la plus belle conquête de l'homme se retrouve elle aussi réduite à n'être que chair à canon… Joey, le cheval narrateur de *Cheval de guerre*, raconte son destin dans la Grande Guerre.

Pendant un tout petit bout de temps, nous avançâmes au trot, comme nous l'avions fait à l'entraînement. Dans le silence insolite du no man's land, on n'entendait que le cliquetis des harnais et les chevaux qui s'ébrouaient. Nous progressions avec précaution, en évitant les cratères et en conservant l'alignement tant bien que mal. Là-haut, devant nous, au sommet d'un coteau en pente douce, apparaissaient les restes saccagés d'un bois et, juste en dessous, un hideux réseau de barbelés en train de rouiller, qui s'étendait à perte de vue à l'horizon.

J'entendis le cavalier Warren murmurer entre ses dents :
– Les barbelés ! Mon Dieu, Joey ! Et eux qui nous disaient qu'il n'y aurait plus de barbelés ! Ils disaient que l'artillerie allait liquider les barbelés. Oh, mon Dieu !

Nous avions pris le petit galop, à présent : toujours pas trace de l'ennemi, pas un bruit. Courbés sur l'encolure de leurs chevaux, sabre pointé en avant, les cavaliers apostrophaient un ennemi invisible. Je rassemblai mes énergies pour prendre le galop et rester à hauteur de Topthorn. Ce faisant, les premiers obus –terrifiants– tombèrent parmi nous et les mitrailleuses ouvrirent le feu. Le tumulte de la bataille commençait. Tout autour de moi, les hommes criaient, tombaient à terre ; les chevaux, en proie à la terreur, à la douleur, se cabraient et hurlaient. De chaque côté de moi, la terre entrait en éruption, projetant chevaux et cavaliers littéralement en l'air. Les obus gémissaient et rugissaient au-dessus de nos têtes ; chaque explosion nous faisait l'effet d'un tremblement de terre. Mais inexorablement, au milieu de tout cela, l'escadron progressait au galop en direction des barbelés du sommet de la côte –et moi, j'y allais avec lui.

Sur mon dos, le cavalier Warren m'enserrait avec ses genoux dans une prise de fer. À un moment, je trébuchai et je le sentis perdre un de ses étriers. Je ralentis l'allure pour qu'il pût le retrouver. Topthorn était tou-

La guerre des animaux

jours devant moi, tête haute, sa queue fouettant en tout sens. Trouvant dans mes pattes une énergie nouvelle, je chargeai à sa suite. Dans sa chevauchée, le cavalier Warren priait à voix haute, mais bientôt ses prières se changèrent en blasphèmes, quand il vit le carnage qui l'environnait. Seuls quelques chevaux atteignirent les barbelés ; parmi eux, Topthorn et moi. Il y avait bien quelques trous ouverts dans les barbelés par notre bombardement, en sorte que quelques-uns d'entre nous réussirent à se frayer passage. Nous tombâmes enfin sur les tranchées ennemies : elles étaient désertes. Les tirs provenaient à présent de plus haut : du milieu des arbres ; aussi, l'escadron, ou ce qu'il en restait, se regroupa et s'enfonça au galop dans le bois, pour se trouver seulement confronté à un réseau de barbelés dissimulé parmi les arbres. Certains chevaux vinrent se jeter dessus avant qu'on pût les arrêter. Ils y restèrent accrochés, tandis que leurs cavaliers essayaient fébrilement de les dépêtrer de là. Je vis un cavalier mettre pied à terre délibérément en voyant que son cheval s'y était pris, sortir son fusil et abattre sa monture avant de tomber mort lui-même sur les barbelés. Je vis tout de suite qu'il n'y avait pas moyen de passer au travers, que le seul moyen était de sauter par-dessus les barbelés et, quand je vis Topthorn et le capitaine Stewart passer d'un bond à l'endroit le plus bas, je les suivis et nous nous trouvâmes enfin au milieu de l'ennemi. Sorti de derrière chaque arbre et de toutes les tranchées environnantes, semblait-il, l'ennemi courait à la contre-attaque, coiffé du casque à pointe. Les soldats nous dépassèrent à toute allure, en nous ignorant, jusqu'au moment où nous nous retrouvâmes cernés par toute une compagnie dont les hommes pointaient sur nous leurs fusils.

La déflagration des obus, le crachement de la fusillade, avaient brusquement cessé. Je cherchai des yeux autour de moi le reste de l'escadron – pour découvrir que nous étions seuls. Derrière nous, les chevaux sans cavalier – tout ce qu'il restait d'un fier escadron s'en retournaient au galop vers nos tranchées. Le versant de la colline, en dessous de nous, était jonché de morts et de mourants.

— Jetez votre sabre, cavalier Warren, dit le capitaine Stewart, s'inclinant sur sa selle et jetant lui-même son sabre à terre. Il y a eu assez de massacre inutile pour aujourd'hui. Ça n'a pas de sens d'en rajouter.

Il ramena Topthorn vers nous et le retint par les rênes.

— Je vous ai dit un jour, cavalier, que nous avions les meilleurs chevaux de l'escadron : aujourd'hui, ils ont montré qu'ils sont les meilleurs chevaux de tout le régiment ; de toute cette foutue armée, même. Et ils n'ont pas une égratignure.

Quand les soldats allemands se rapprochèrent, il mit pied à terre et le cavalier Warren l'imita. Ils restèrent côte à côte à tenir nos rênes, tandis qu'on nous encerclait. Nous regardâmes derrière nous le champ de bataille au pied de la colline : quelques chevaux se débattaient encore dans les barbelés, mais l'infanterie allemande, qui avançait et avait déjà regagné sa ligne de tranchée, mit fin – une bête après l'autre – à leur calvaire. Ce furent là les derniers coups de feu de la bataille.

Jean-Christophe Rufin (né en 1952)
Le Collier rouge, 2014, Gallimard.

L'action du *Collier rouge* se situe après la guerre : le juge Hugues Lantier est chargé d'interroger Jacques Morlac, un ancien combattant de 14-18 emprisonné pour une affaire mystérieuse. Mais l'ambiance, autour de la prison, est rendue insupportable par les aboiements continus de Guillaume, le chien du prisonnier, un véritable animal de guerre…

Comme il tournait l'angle de la rue Danton, il déboucha dans le grand soleil de la place qui faisait face à la prison. Il faillit trébucher sur un corps étendu en travers du trottoir. C'était Guillaume, le chien de Morlac. Il était couché sur le flanc et sa langue pendait, longue, jusque

La guerre des animaux

sur le pavé. Il semblait épuisé par ces journées et ces nuits passées à brailler. Ses yeux étaient brillants de fièvre et enfoncés dans les orbites. Il devait avoir affreusement soif. Lantier se dirigea vers une fontaine située dans un angle de la place à l'ombre d'un tilleul. Il saisit une petite manivelle et actionna la pompe. Le chien, en entendant l'eau couler, se remit debout péniblement et marcha jusqu'à la fontaine. Il but, à coups de langue précis, tandis que Lantier continuait de tourner la petite poignée de bronze qui grinçait.

Quand le chien eut terminé de s'abreuver, le juge s'assit sur un banc près de la fontaine, dans la même ombre. Il se demandait si Guillaume allait revenir sur la place et reprendre ses aboiements. Mais, au contraire, il resta posté devant le banc, les yeux fixés sur l'officier.

De près, l'animal faisait peine à voir. Il avait vraiment l'allure d'un vieux guerrier. Plusieurs cicatrices, sur le dos et les flancs, témoignaient de blessures par balles ou éclats d'obus. On sentait qu'elles n'avaient pas été soignées et que les chairs s'étaient débrouillées pour se rejoindre tant bien que mal, en formant des bourrelets, des plaques dures et des cals. Il avait une patte arrière déformée et, quand il se tenait assis, il devait la poser en oblique, pour ne pas tomber sur le côté. Lantier tendit la main et le chien s'approcha pour recevoir une caresse. Son crâne était irrégulier au toucher, comme s'il avait porté un casque cabossé. Le bord droit de son museau était rose clair et dépourvu de poils, séquelle d'une brûlure profonde. Mais au milieu de ce visage supplicié brillaient deux yeux pathétiques. Guillaume, sous la caresse, ne bougeait pas. On sentait qu'il avait été dressé à ne pas s'agiter, à faire le moins de bruit possible, sauf pour donner l'alerte. Mais ses yeux à eux seuls exprimaient tout ce que les autres chiens manifestent en usant de leur queue et de leurs pattes, en gémissant ou en se roulant par terre.

Lantier observa la manière qu'avait ce vieux cabot de froncer les sourcils en inclinant légèrement la tête, d'ouvrir grand les yeux pour exprimer son contentement ou de les plisser en prenant l'air sournois pour interroger l'être humain auquel il avait affaire sur ses intentions et ses désirs. Ces mimiques, jointes à de petits mouvements expressifs du cou, lui permettaient de couvrir toute la palette des sentiments. Il montrait les siens mais, surtout, il répondait à ceux des autres.

Lucien Descaves (1861-1949)
Ronge-Maille vainqueur, 1920, Ollendorff.

Censuré en 1917, *Ronge-Maille vainqueur* ne peut paraître que trois années plus tard, sans que l'auteur, Lucien Descaves, ait rien à retrancher de son texte de départ. Écrit comme une succession d'aphorismes, le texte est une violente charge des rats contre l'homme et la guerre.

Le cadavre d'un homme, de quelque côté de la tranchée qu'il soit sent toujours bon.

Les années où la moisson est rouge, sont pour nous des années d'abondance.

On n'aura pas la paix tant qu'il en restera deux debout.

Si leur guerre est, comme ils se plaisent à le dire, une guerre d'extermination, nous courons le risque de mourir avant eux, de pléthore. [...]

On leur tient compagnie la nuit... et ils ne sont pas contents! Insociables ! [...]

Les animaux ne peuvent pas dire que l'homme est bon pour eux, tant qu'ils n'y ont pas goûté. [...]

Ils ont enrichi leur vocabulaire d'un de nos mots, le mot grignoter. Un de leurs chefs a dit de ses adversaires : « Je les grignote. » Il était vieux. Jeune, il eut dit : « Je les déchire. » Et il eut mordu à belles dents.

Si c'est pour nous effrayer qu'ils font ce bruit assourdissant, ils perdent leur temps.

La guerre des animaux

Le pas de quelqu'un dans l'escalier, une porte qu'on ouvre, un coup de pioche, nous alarment bien davantage. […]

Quand on pense que c'est l'homme qui nous range parmi les animaux nuisibles ! Nuisibles, nous ? Pas plus que lui. […]

Pourquoi paraissent-ils avoir la vie en horreur ? Elle est pourtant belle, le soir, sous la lune, dans les sillons qu'un sang impur n'abreuve pas... […]

Nous sommes, paraît-il, un des fléaux de l'agriculture. La guerre en est certainement un autre, puisqu'elle prend à la terre des bras qui lui étaient indispensables. […]

La guerre... c'est la pourriture d'hôpital – en plein air.

Pourriture, nourriture. […]

L'homme n'a rien inventé : nous avons creusé des galeries souterraines avant lui. […]

Les Anglais évaluent à deux cent cinquante millions les dégâts que nous causons bon an mal an dans leurs docks, magasins, entrepôts, etc.

Quand on fera le compte des milliards que représentent les frais généraux d'une guerre, on finira peut-être par convenir que la bête est moins malfaisante que la bêtise. […]

Un des nôtres, tout blanc, tout joli, ayant répondu aux avances des hommes et s'étant laissé adopter par eux, la première chose qu'ils firent, ce fut de le rendre alcoolique. Ils buvaient le pinard ensemble. […]

Du bas de tes pyramides de cadavres, ô civilisation, quarante siècles de barbarie te contemplent ! […]

Armistice : jour sans viande.

Jean Echenoz (né en 1947)
14, 2012, Les Éditions de Minuit.

Qu'ils soient utilitaires, sauvages, domestiques, parasites ou nuisibles, les animaux, dont Jean Echenoz trace un panorama

La guerre des animaux

original et complet à travers le regard d'Anthime, le personnage principal du roman, ont tous participé à leur manière à la guerre des hommes.

Anthime en aurait beaucoup vu, des animaux, toute sorte d'entre eux pendant ces cinq cents jours. Car si la guerre frappe électivement les villes qu'elle assiège, envahit, bombarde, incendie, elle se déroule aussi beaucoup à la campagne où l'on sait que les bêtes ne manquent pas. […]

Il n'y avait pas cependant que les animaux utiles et comestibles dont on faisait de temps en temps la rencontre. On en croisait aussi de plus familiers, domestiques voire décoratifs, et davantage habitués à leur confort : chiens et chats privés de maîtres après l'exode civil, sans colliers ni la moindre écuelle de pitance quotidienne garantie, en voie d'oublier jusqu'aux noms qu'on leur avait donnés. C'étaient aussi les oiseaux en cage, les volatiles d'agrément comme les tourterelles, voire purement ornementaux tels les paons, par exemple – que d'ordinaire personne ne mange et qui de toute façon, vu leur sale caractère et leur foutu narcissisme, n'auraient plus aucune chance de s'en sortir par eux-mêmes. De tout ce genre de bêtes-là, généralement, le militaire n'avait pas l'idée spontanée de se nourrir, du moins au début. Il put cependant se produire qu'on souhaitât s'en accompagner – parfois pour quelques jours seulement – et que l'on adoptât, mascotte de compagnie, un chat errant sans but au détour d'un boyau. […]

Mais il n'y a pas que manger dans la vie. Car dans l'ordre animal, en cas de conflit armé, figuraient aussi des éléments incomestibles parce que potentiellement guerriers, recrutés de force par l'homme puisque aptes à rendre des services – tels que d'autres chevaux, chiens ou colombidés militarisés, les uns montés par des gradés ou tirant des fourgons, d'autres affectés à l'attaque ou à la traction des mitrailleuses et, du côté volatile, des escouades de pigeons globe-trotters promus au rang de messagers.

La guerre des animaux

Des bêtes il y en avait enfin, hélas, surtout, d'innombrables de plus petite taille et de plus redoutable nature : toute sorte de parasites irréductibles et qui, non contents de n'offrir aucun appoint nutritionnel, s'alimentaient au contraire eux-mêmes voracement sur la troupe. Les insectes d'abord, puces et punaises, tiques et moustiques, moucherons et mouches qui s'installaient par nuées dans les yeux – pièces de choix – des cadavres. De tous ceux-ci l'on aurait pu encore s'accommoder mais l'un des adversaires majeurs, très vite, devint incontestablement le pou. Principal et proliférant, de ce pou et de ses milliards de frères on serait bientôt entièrement recouverts. Lui se révéla bientôt le perpétuel adversaire, l'autre ennemi capital étant le rat, non moins vorace et tout aussi grouillant, comme lui se renouvelant sans cesse, de plus en plus gros et prêt à tout pour dévorer vos vivres – même pendus préventivement à un clou –, grignoter vos courroies, s'attaquer jusqu'à vos chaussures voire carrément à votre corps quand il est endormi, et disputant aux mouches vos globes oculaires quand vous êtes mort.

Ne fût-ce qu'à cause de ces deux-là, le pou, le rat, obstinés et précis, organisés, habités d'un seul but comme des monosyllabes, l'un et l'autre n'ayant d'autre objectif que ronger votre chair ou pomper votre sang, de vous exterminer chacun à sa manière – sans parler de l'ennemi d'en face, différemment guidé par le même but –, il y avait souvent de quoi vous donner envie de foutre le camp.

Alice Ferney (née en 1961)
Dans la guerre, 2003, Actes Sud.

Dans son roman sur la Première Guerre mondiale, Alice Ferney introduit l'humanité dans la barbarie à travers le personnage de Prince, un chien fidèle au point de partager les souffrances de Jules, son maître, qui en fait vite un vrai soldat.

La guerre des animaux

Il guetta quand on le lui ordonna, courut quand on le lui demanda, sauta des obstacles, escalada des grillages, rampa, bondit, marcha des kilomètres durant. Il porta des charges, tira des chariots légers. Il prit des pistes, dénicha des objets enfouis, surveilla, défila même, aboya, resta silencieux et tapi... Si je me laissais aller, dit un jour Jean Bourgeois en désignant Prince, je croirais vraiment qu'un homme s'est caché en lui, et qu'il écoute chaque parole et chaque ordre ! Jules s'étouffa en commençant à rire et Prince agita sa queue joyeusement. Fine équipe ! conclut Jean Bourgeois. Son visage demeurait énergique même lorsqu'il se détendait dans le rire. Cette détermination intérieure, celle qui est l'exacte tension d'un être vers le digne but qu'il s'est donné, Prince pouvait la ressentir : les effets sur sa propre volonté et son plaisir en étaient visibles.

Docile jusque dans son effroi, et vulnérable autant qu'un homme, le grand colley repoussait les limites de ce qu'on croyait possible à une bête. Par monts et par vaux, en terrain dégagé, dans les sentes forestières, au fond des taillis, seul ou accompagné, il délivra et rapporta des messages. Il apprit comment se cacher et attendre sans être vu. Il sut aussi repérer un ennemi, prendre sa piste pour conduire une section à ses trousses. Il connut le bruit de l'homme qui bouge en se cachant, et celui que font les armées quand elles se déplacent, et même celui qui échappe à l'ouïe humaine : le silence d'une présence immobile. Il s'habitua à ne pas s'effrayer du grondement d'un obus quand il part, traverse le flamboiement du ciel et vient éclater au milieu des soldats. Il fit des guets de nuit, à l'heure des hiboux, reniflant dans l'humidité de la terre l'odeur accrue des cadavres, percevant ce hurlement silencieux des morts, les petits échos de leur torture finale, pets des ventres, crèvements d'entrailles, froissement du tapis des feuilles sous les légers mouvements incontrôlés de la chair qui travaille à disparaître. Toutes ces dépouilles aux pauvres sépultures peuplaient les mondes sonores et olfactifs qui étaient imperceptibles aux hommes mais n'avaient pas de secret pour lui. Il connaissait désormais les vivants et les morts. Il entendit les cris des soldats dans l'embrasement d'une bataille, dans la surprise d'une embuscade, leurs gémissements de bête quand la mort est trop lente. Il sut qu'un homme ne veut jamais mourir. Il le sut à sa manière, au cœur de son intelligence instinctive des situations, sans mettre de mots sur les choses, et sans peut-être rien savoir de ce qui se jouait là pour un blessé, mais sensible à la souffrance, à la détresse, à l'effroi ou l'espoir, tout cela qui emplissait les regards que posaient les soldats sur ce sauveur muet venu lécher leur visage.

Benjamin Rabier (1864-1939)
Flambeau, chien de guerre [1916], 2003, Tallandier.

Dans cet album pour enfants rédigé et illustré en pleine guerre, Benjamin Rabier raconte les aventures du chien Flambeau, un animal engagé dans la Première Guerre mondiale, courageux, astucieux et qui incarne l'esprit patriotique qu'on veut alors transmettre à la jeunesse française.

Planche reproduite page suivante.

La guerre des animaux

© coll. Jonas / kharbine-Tapabor

INFORMATION/DOCUMENTATION

BIBLIOGRAPHIE
• **Les animaux dans la Première Guerre mondiale**
Essais/documentaires
– Martin Monestier, *Les Animaux-soldats, histoire militaire des animaux des origines à nos jours*, Le Cherche Midi éditeur, 1996.
– Éric Baratay, *Bêtes de tranchées : des vécus oubliés*, CNRS, 2013.
– Jean-Michel Derex, *Héros oubliés : 14-18, les animaux dans la Grande Guerre*, éditions Pierre de Taillac, 2014.
– Jean-François Saint-Bastien, *Les Animaux dans la Grande Guerre*, éditions Alan Sutton, 2014.
Récits
– Charles-Maurice Chenu, *Totoche prisonnier de guerre, journal d'un chien à bord d'un tank*, Plon, 1918.
– Michael Morpurgo, *Cheval de guerre* [1982], Folio Junior, 1997.
– Alice Ferney, *Dans la guerre*, Actes Sud, 2003.
Albums
– Benjamin Rabier, *Flambeau chien de guerre* [1916], Tallandier, 2003.

• **Première Guerre mondiale**
Essais/documentaires
– R-G Grant, *1914-1918, l'Encyclopédie de la Grande Guerre*, Flammarion, 2013.
– Jean-Paul Viart, *Chroniques de la Première Guerre mondiale*, Larousse, 2013.
– *L'Illustration 14-18, la Grande Guerre telle que les Français l'ont vécue*, Michel Lafon, 2014.
– Daniel Costelle et Isabelle Clarke, *Apocalypse, la 1re Guerre mondiale*, Flammarion, 2014.
Témoignages
– Henri Laporte, *Journal d'un poilu*, Mille et une Nuits, 1998.
– Jean-Pierre Guéno, *Paroles de poilus*, Éditions 84, Librio, 2012.
– *Carnets de Verdun*, Éditions 84, Librio, 2006.
– *Mon papa en guerre*, Éditions 84, Librio, 2012.
– *Les Poilus, Lettres et témoignages des Français dans la Grande Guerre*, Éditions 84, Librio, 2013.
Récits d'écrivains combattants
– Henri Barbusse, *Le Feu : journal d'une escouade* [1916], Gallimard, Folioplus classiques, 2007.

Information/Documentation

- Roland Dorgelès, *Les Croix de bois*, Albin Michel [1919], Magnard, Classiques & Contemporains n° 154, 2014.
- Ernst Jünger, *Orages d'acier* [1920], Le Livre de Poche, Biblio, 2002.
- Erich Maria Remarque, *À l'Ouest rien de nouveau* [1929], Le Livre de Poche, 2007.
- Roger Vercel, *Capitaine Conan*, Albin Michel [1934], Magnard, Classiques & Contemporains n° 22, 2001.
- Blaise Cendrars, *La Main coupée* [1946], Gallimard, Folio, 2002.
- Maurice Genevoix, *Ceux de 14* [1949], Points, Grands romans, 2008.

Récits historiques
- Maxence Van der Meersch, *Invasion 14* [1935], Albin Michel, 2014.
- Irène Némirovsky, *Les Feux de l'automne* [posthume], Le Livre de Poche, 2007.
- Charles Exbrayat, *Jules Matrat* [1979], Albin Michel, 2014.
- Jean Rouaud, *Les Champs d'honneur* [1990], Les Éditions de Minuit, 1995.
- Sébastien Japrisot, *Un long dimanche de Fiançailles* [1991], Gallimard, Folio, 2004.
- Thierry Jonquet, *La Vigie* [1998], Flammarion, Étonnants classiques, 2013.
- Marc Dugain, *La Chambre des officiers* [1998], Pocket, 2001.
- Jean Vautrin, *Quatre soldats français – Intégrale* [2004-2012], Pocket, 2014.
- Laurent Gaudé, *Cris* [2001], Le Livre de Poche, 2005.
- Philippe Claudel, *Les Âmes grises* [2003], Le Livre de Poche, 2006.
- Michael Morpurgo, *Soldat Peaceful* [2006], Gallimard Jeunesse, 2010.
- Jean Echenoz, *14*, Les Éditions de Minuit, 2012.
- Pierre Lemaitre, *Au Revoir là-haut*, Albin Michel, 2013.
- Jean-Christophe Rufin, *Le Collier rouge*, Gallimard, 2014.

Poésie
- Guillaume Apollinaire, *Calligrammes, Poèmes de la paix et de la guerre 1913-1916* [1918], Flammarion, GF-Dossier, 2013.

Bande dessinée
- Jacques Tardi, *Adieu Brindavoine* suivi de *La Fleur au fusil*, Casterman, 1974, Magnard/Casterman, Classiques & Contemporains Bande Dessinée n° 5, 2009.
- Jacques Tardi, *C'était la guerre des tranchées*, Casterman, 1993.
- Jean-Pierre Gibrat, *Mattéo, Première époque (1914-1915), Deuxième époque (1917-1918)*, Futuropolis, 2008-2010.

Information/Documentation

FILMOGRAPHIE
- *Charlot soldat,* de Charlie Chaplin [1918], États-Unis.
- *Les Croix de bois* de Raymond Bernard [1932], France.
- *La Grande Illusion,* de Jean Renoir [1937], France.
- *Les Sentiers de la gloire,* de Stanley Kubrick [1957], États-Unis.
- *La Vie et rien d'autre,* de Bertrand Tavernier [1987], France.
- *Capitaine Conan,* de Bertrand Tavernier [1996], France.
- *La Tranchée,* de William Boyd [1999], Royaume-Uni, France.
- *La Chambre des officiers,* de François Dupeyron [2001], France.
- *Un long dimanche de fiançailles,* de Jean-Pierre Jeunet [2004], France.
- *Joyeux Noël,* de Christian Carion [2005], France.
- *Cheval de guerre,* de Steven Spielberg [2011], États-Unis.
- *La Dernière Tranchée,* d'Adrian Powers [2013], États-Unis.

VIDÉOS
- *C'est pas sorcier,* « La guerre de 14-18 », Multimédia France Productions, 1999.
- *La Première Guerre mondiale en couleur,* documentaire en 8 épisodes, 2003.
- *Apocalypse, la 1re Guerre mondiale,* France Télévisions Distribution, 2014.
- *14-18, la Grande Guerre en couleur,* France Télévisions Distribution, 2014.
- *14-18 La Grande Guerre,* TF1 Vidéo, 2014.
- *Le Soldat méconnu,* ZED, 2014.

VISITER
- *Historial de la Grande Guerre* de Péronne (Somme).
- *Musée de la Grande Guerre* de Meaux (Seine-et-Marne).
- *Le Mémorial Terre-neuvien* de Beaumont-Hamel (Somme).
- *Musée Somme 1916* d'Albert (Somme).
- *Mémorial de Verdun* (Meuse).
- *Musée de l'Armistice* de Compiègne (Oise).

Classiques & Contemporains

SÉRIE « LES GRANDS CONTEMPORAINS PRÉSENTENT »

D. Daeninckx présente *21 récits policiers*
L. Gaudé présente *13 extraits de tragédies*
K. Pancol présente *21 textes sur le sentiment amoureux*
É.-E. Schmitt présente *13 récits d'enfance et d'adolescence*
B. Werber présente *20 récits d'anticipation et de science-fiction*

Adam, *Je vais bien, ne t'en fais pas*
Anouilh, *L'Hurluberlu – Pièce grinçante*
Anouilh, *Pièces roses*
Balzac, *La Bourse*
Balzac, *Sarrazine*
Barbara, *L'Assassinat du Pont-Rouge*
Begag, *Salam Ouessart*
Bégaudeau, *Le Problème*
Ben Jelloun, Chedid, Desplechin, Ernaux, *Récits d'enfance*
Benoit, *L'Atlantide*
Boccace, Poe, James, Boyle, etc., *Nouvelles du fléau*
Boisset, *Le Grimoire d'Arkandias*
Boisset, *Nicostratos*
Braun (entretien avec Stéphane Guinoiseau), *Personne ne m'aurait cru, alors je me suis tu*
Brontë, *L'Hôtel Standiffe*
Calvino, *Le Vicomte pourfendu*
Cauvin, *Menteur*
Chaine, *Mémoires d'un rat*
Ciravégna, *Les Tambours de la nuit*
Colette, *Claudine à l'école*
Conan Doyle, *Le Monde perdu*
Conan Doyle, *Trois Aventures de Sherlock Holmes*
Corneille, *Le Menteur*
Corneille, *Médée*
Cossery, *Les Hommes oubliés de Dieu*
Coulon, *Le roi n'a pas sommeil*
Courteline, *La Cruche*
Daeninckx, *Cannibale*
Daeninckx, *Histoire et faux-semblants*
Daeninckx, *L'Espoir en contrebande*
Dahl, Bradbury, Borges, Brown, *Nouvelles à chute 2*
Daudet, *Contes choisis*
Defoe, *Robinson Crusoé*
Diderot, *Supplément au Voyage de Bougainville*
Dorgelès, *Les Croix de bois*
Dostoïevski, *Carnets du sous-sol*
Du Maurier, *Les Oiseaux et deux autres nouvelles*
Du Maurier, *Rebecca*
Dubillard, Gripari, Grumberg, Tardieu, *Courtes pièces à lire et à jouer*
Dumas, *La Dame pâle*
Dumas, *Le Bagnard de l'Opéra*
Feydeau, *Dormez, je le veux!*
Fioretto, *Et si c'était niais ? – Pastiches contemporains*
Flaubert, *Lettres à Louise Colet*
Gaudé, *Médée Kali*
Gaudé, *Salina*
Gaudé, *Voyages en terres inconnues – Deux récits sidérants*
Gavalda, Buzzati, Cortázar, Bourgeyx, Kassak, Mérigeau, *Nouvelles à chute*
Germain, *Magnus*
Giraudoux, *La guerre de Troie n'aura pas lieu*
Giraudoux, *Ondine*
Higgins Clark, *La Nuit du renard*
Higgins Clark, *Le Billet gagnant et deux autres nouvelles*
Highsmith, Poe, Maupassant, Daudet, *Nouvelles animalières*
Hoffmann, *L'Homme au sable*
Hoffmann, *Mademoiselle de Scudéry*
Huch, *Le Dernier Été*
Hugo, *Claude Gueux*
Hugo, *Théâtre en liberté*
Irving, *Faut-il sauver Piggy Sneed ?*
Jacq, *La Fiancée du Nil*
Jarry, *Ubu roi*
Kafka, *La Métamorphose*
Kamanda, *Les Contes du Griot*
King, *Cette impression qui n'a de nom qu'en français et trois autres nouvelles*
King, *La Cadillac de Dolan*
Kipling, *Histoires comme ça*
Klotz, *Killer Kid*
Leblanc, *Arsène Lupin, gentleman-cambrioleur*
Leroux, *Le Mystère de la chambre jaune*
Lewis, *Pourquoi j'ai mangé mon père*
London, *L'Appel de la forêt*
Loti, *Le Roman d'un enfant*
Lowery, *La Cicatrice*
Maran, *Batouala*

Marivaux, *La Colonie* suivi de *L'Île des esclaves*
Maupassant, *Les Dimanches d'un bourgeois de Paris*
Mérimée, *Tamango*
Molière, *Dom Juan*
Molière, *George Dandin*
Molière, *Le Sicilien ou l'Amour peintre*
Musset, *Lorenzaccio*
Némirovsky, *Jézabel*
Nothomb, *Acide sulfurique*
Nothomb, *Barbe bleue*
Nothomb, *Métaphysique des tubes*
Nothomb, *Le Sabotage amoureux*
Nothomb, *Stupeur et Tremblements*
Pergaud, *La Guerre des boutons*
Perrault, Mme d'Aulnoy, etc., *Contes merveilleux*
Petan, *Le Procès du loup*
Poe, Gautier, Maupassant, Gogol, *Nouvelles fantastiques*
Pons, *Délicieuses frayeurs*
Pouchkine, *La Dame de pique*
Reboux et Muller, *À la manière de...*
Renard, *Huit jours à la campagne*
Renard, *Poil de Carotte* (comédie en un acte), suivi de *La Bigote* (comédie en deux actes)
Reza, *« Art »*
Reza, *Le Dieu du carnage*
Reza, *Trois versions de la vie*
Ribes, *Trois pièces facétieuses*
Riel, *La Vierge froide et autres racontars*
Rouquette, *Médée*
Sand, *Marianne*
Schmitt, *Crime parfait et Les Mauvaises Lectures – Deux nouvelles à chute*
Schmitt, *L'Enfant de Noé*
Schmitt, *Hôtel des deux mondes*
Schmitt, *Le Joueur d'échecs*
Schmitt, *Milarepa*
Schmitt, *Monsieur Ibrahim et les fleurs du Coran*
Schmitt, *La Nuit de Valognes*
Schmitt, *Oscar et la dame rose*
Schmitt, *Vingt-quatre heures de la vie d'une femme*
Schmitt, *Le Visiteur*
Sévigné, Diderot, Voltaire, Sand, *Lettres choisies*
Signol, *La Grande Île*
Stendhal, *Vanina Vanini*
Stevenson, *Le Cas étrange du Dr Jekyll et de M. Hyde*
t'Serstevens, *Taïa*
Uhlman, *La Lettre de Conrad*
van Cauwelaert, *Cheyenne*
Vargas, *Debout les morts*
Vargas, *L'Homme à l'envers*
Vargas, *L'Homme aux cercles bleus*
Vargas, *Pars vite et reviens tard*
Vercel, *Capitaine Conan*
Vercors, *Le Silence de la mer*
Vercors, *Zoo ou l'assassin philanthrope*
Verne, *Sans dessus dessous*
Voltaire, *L'Ingénu*
Werth, *33 Jours*
Wilde, *Le Crime de Lord Arthur Savile*
Zola, *Thérèse Raquin*
Zweig, *Le Joueur d'échecs*
Zweig, *Lettre d'une inconnue*
Zweig, *Vingt-quatre heures de la vie d'une femme*

Recueils et anonymes
90 poèmes classiques et contemporains
Ceci n'est pas un conte et autres contes excentriques du XVIIIe siècle
Ces objets qui nous envahissent : objets cultes, culte des objets (anthologie BTS)
Cette part de rêve que chacun porte en soi (anthologie BTS)
Contes populaires de Palestine
Histoires vraies – Le Fait divers dans la presse du XVIe au XXIe siècle
Initiation à la poésie du Moyen Âge à nos jours
Je me souviens (anthologie BTS)
La Dernière Lettre – Paroles de Résistants fusillés en France (1941–1944)
La Farce de Maître Pierre Pathelin
Poèmes engagés
La Presse dans tous ses états – Lire les journaux du XVIIe au XXIe siècle
La Résistance en poésie – Des poèmes pour résister
La Résistance en prose – Des mots pour résister
Les Aventures extraordinaires d'Adèle Blanc-Sec
Les Grands Textes du Moyen Âge et du XVIe siècle
Les Grands Textes fondateurs
Nouvelles francophones

SÉRIE ANGLAIS

Ahlberg, *My Brother's Ghost*
Asimov, *Science Fiction Stories*
Capote, *American Short Stories*
Conan Doyle, *The Speckled Band*
Poe, *The Black Cat*, suivie de *The Oblong Box*
Saki, *Selected Short Stories*

Couverture
Conception graphique : Marie-Astrid Bailly-Maître
Illustration : Antoine Moreau-Dusault

Intérieur
Conception graphique : Marie-Astrid Bailly-Maître
Édition : Béatrix Lot
Réalisation : Nord Compo, Villeneuve-d'Ascq

Aux termes du Code de la propriété intellectuelle, « toute reproduction ou représentation intégrale ou partielle de la présente publication, faite par quelque procédé que ce soit (reprographie, microfilmage, scannérisation, numérisation…) sans le consentement de l'auteur ou de ses ayants droit ou ayants cause, est illicite et constitue une contrefaçon sanctionnée par les articles L.335-2 et suivants du Code de la propriété intellectuelle ».
©L'autorisation d'effectuer des reproductions par reprographie doit être obtenue auprès du Centre français d'exploitation du droit de copie (CFC) – 20, rue des Grands-Augustins – 75006 PARIS –
Tél. : 01 44 07 47 70 – Fax : 01 46 34 67 19.

© **Éditions La Maison du Dictionnaire - Médiqualis, 1917, 2000.**
© **Éditions Magnard, 2015, pour la présentation,
les notes, les questions et l'après-texte.**

www.magnard.fr
www.classiquesetcontemporains.com

Achevé d'imprimer en octobre 2016
par «La Tipografica Varese Srl» en Italie
N° éditeur : 2016-1721
Dépôt légal : avril 2015